ひと目でわかる

VDI &
リモートデスクトップサービス

Windows Server 2019版

Yokota Lab, Inc. [著]

日経BP

JN207569

はじめに

本書は"知りたい機能がすばやく探せるビジュアルリファレンス"というコンセプトのもとに、Windows Server 2019のリモートデスクトップサービス（RDS）とVDI（仮想デスクトップインフラストラクチャ）の基本機能を体系的にまとめあげ、設定・操作手順を豊富な画面でわかりやすく解説しました。

本書の表記

本書では、次のように表記しています。

- リボン、ウィンドウ、アイコン、メニュー、コマンド、ツールバー、ダイアログボックスの名称やボタン上の表示、各種ボックス内の選択項目の表示を、原則として［ ］で囲んで表記しています。
- 画面上の ˇ、^、▼、▲ のボタンは、すべて▲、▼と表記しています。
- 本書でのボタン名の表記は、画面上にボタン名が表示される場合はそのボタン名を、表示されない場合はポップアップヒントに表示される名前を使用しています。
- 手順説明の中で、「［○○］メニューの［××］をクリックする」とある場合は、［○○］をクリックしてコマンド一覧を表示し、［××］をクリックしてコマンドを実行します。
- 手順説明の中で、「［○○］タブの［△△］の［××］をクリックする」とある場合は、［○○］をクリックしてタブを表示し、［△△］グループの［××］をクリックしてコマンドを実行します。

トピック内の要素とその内容については、次の表を参照してください。

要素	内容
ヒント	他の操作方法や知っておくと便利な情報など、さらに使いこなすための関連情報を紹介します。
注意	操作上の注意点を説明します。
参照	関連する機能や情報の参照先を示します。 ※その他、特定の手順に関連し、ヒントの参照を促す「ヒント参照」もあります。
PowerShell コマンドレット	同じ手順をPowerShellコマンドレットで行う方法を示します。 ※コマンドラインから行う「Windowsコマンド」もあります。

はじめに (3)

本書編集時の環境

使用したソフトウェアと表記
本書の編集にあたり、次のソフトウェアを使用しました。

Windows Server 2019 Datacenter	**Windows Server 2019、Windows Server**
Windows 10 Enterprise	**Windows 10、Windows**
Microsoft Edge	**Microsoft Edge、Edge**

　本書に掲載した画面は、デスクトップ領域を1440×900ピクセルに設定しています。ご使用のコンピューターやソフトウェアのパッケージの種類、セットアップの方法、ディスプレイの解像度などの状態によっては、画面の表示が本書と異なる場合があります。あらかじめご了承ください。

Webサイトによる情報提供

本書に掲載されているWebサイトについて
　本書に掲載されているWebサイトに関する情報は、本書の編集時点で確認済みのものです。Webサイトは、内容やアドレスの変更が頻繁に行われるため、本書の発行後、内容の変更、追加、削除やアドレスの移動、閉鎖などが行われる場合があります。あらかじめご了承ください。

訂正情報の掲載について
　本書の内容については細心の注意を払っておりますが、発行後に判明した訂正情報については日経BPのWebサイトに掲載いたします。URLについては、本書巻末の奥付をご覧ください。

はじめに　(2)

第1章　リモートデスクトップサービスの概要　1

1 仮想化とは　2

2 リモートデスクトップサービスとは　12

3 Windows Virtual Desktop　17

第2章　RDS/VDIのイントールと削除　19

Ｃコラム　セッションホストベースのデスクトップ（**RDS**）　20

1 RDSをクイックスタート展開するには　23

2 RDSを標準展開するには　26

3 RDセッションホストサーバーを削除するには　32

Ｃコラム　仮想化ホストベースのデスクトップ（**VDI**）　34

4 VDIのクイックスタート展開を準備するには　38

5 VDIのクイックスタート展開用に
Active Directoryドメインサービスを設定するには　50

6 VDIをクイックスタート展開するには　55

7 VDIを標準展開するには　58

8 RD仮想化ホストサーバーを削除するには　63

第3章　RDS/VDIの構成　65

Ｃコラム　異なるコンピューターでの同じ環境の使用　66

1 RDS/VDIの証明書を構成するには　71

2 ユーザープロファイルディスク用の共有を構成するには　79

3 RDS/VDIのシングルサインオンを有効にするには　84

Ｃコラム　**RDS**の管理　86

4 セッションコレクションを作成するには　87

5 セッションコレクションを構成するには　　　**92**

　　コラム **RemoteApp** プログラムとは　　　**95**

6 RemoteApp プログラムを公開するには　　　**98**

7 RemoteApp プログラムを構成するには　　　**100**

8 RemoteApp プログラムを非公開にするには　　　**102**

　　コラム **VDI**の管理　　　**104**

9 VDIの標準展開用に Active Directory ドメインサービスのOUを
設定するには　　　**108**

10 仮想デスクトップコレクションの準備用に
仮想デスクトップテンプレートを作成するには　　　**113**

11 仮想デスクトップコレクションの展開プロパティを構成するには　　　**118**

12 管理された仮想デスクトップコレクションを作成するには　　　**120**

13 管理されていない仮想デスクトップを作成するには　　　**132**

14 管理されていない仮想デスクトップコレクションを作成するには　　　**135**

15 仮想デスクトップコレクションのプロパティを構成するには　　　**143**

16 仮想デスクトップを管理するには　　　**146**

17 仮想デスクトップコレクションを削除するには　　　**154**

18 仮想デスクトップコレクションがある環境で
RD 仮想化ホストサーバーを削除するには　　　**155**

第4章

RemoteApp プログラムと
仮想デスクトップへの接続　　　**157**

1 Microsoft Edge で RemoteApp プログラムへアクセスするには　　　**158**

2 Web フィードで RemoteApp プログラムへアクセスするには　　　**160**

3 リモートデスクトップアプリで RemoteApp プログラムへアクセスするには　**166**

　　コラム 仮想デスクトップへの接続方法と **VDI**環境の **RemoteApp** プログラム　　　**168**

4 VDI環境で RemoteApp プログラムを公開するには　　　**171**

5 VDI環境で RemoteApp プログラムを構成するには　　　**174**

6	VDI環境でRemoteAppプログラムを非公開にするには	**176**
7	Microsoft Edgeで仮想デスクトップへアクセスするには	**178**
8	Webフィードで仮想デスクトップへアクセスするには	**180**
9	リモートデスクトップアプリで仮想デスクトップへアクセスするには	**186**
	コラム 仮想デスクトップへのリモートデスクトップ接続の管理	**188**
10	リモートデスクトップ接続を管理するには（RDS）	**189**
11	リモートデスクトップ接続を管理するには（VDI）	**192**

第5章　RDゲートウェイとRDライセンスの構成　197

	コラム **RDゲートウェイとは**	**198**
1	RDゲートウェイの役割サービスをインストールするには	**202**
2	RDゲートウェイを使用するように設定されていることを確認するには	**206**
3	RDゲートウェイサーバーに証明書をインストールするには	**207**
4	RDゲートウェイサーバーのプロパティを構成するには	**210**
5	接続承認ポリシーを設定するには	**215**
6	リソース承認ポリシーを設定するには	**219**
7	グループポリシーでRDゲートウェイを使用するように設定するには	**225**
8	RDゲートウェイを使用するようにリモートデスクトップアプリを設定するには	**228**
9	RDゲートウェイ経由の接続を管理するには	**229**
	コラム リモートデスクトップサービスのライセンス	**231**
10	RDライセンスの役割サービスをインストールするには	**235**
11	RDライセンスサーバーをアクティブ化するには	**237**
12	RDS CALをインストールするには	**240**
13	RDS CAL（接続ユーザー数）を使用できるようにするには	**245**
14	リモートデスクトップライセンスモードを設定するには	**247**
	コラム **VDI環境でのライセンス**	**248**

第6章 RDSのパスワードとログの管理 249

- コラム **RD Web アクセスでの期限切れパスワードの管理** **250**
- **1** RD Web アクセスで期限切れのパスワードを変更できるようにするには **251**
- **2** RD Web アクセスでパスワードを変更するには **253**
- コラム リモートデスクトップサービスのログの管理 **255**
- **3** RDSの一般的なログを確認するには **259**
- **4** RD Web ログを設定するには **262**
- **5** RD ゲートウェイサーバーのログを設定するには **265**
- **6** RDSの展開およびUI トレースログを有効にするには **268**

索引 **272**

リモートデスクトップサービスの概要

第 1 章

1 仮想化とは

2 リモートデスクトップサービスとは

3 Windows Virtual Desktop

この章では、リモートデスクトップサービスを理解するための基本となる仮想化の概念や、マイクロソフトで提供している仮想化ソリューションについて解説します。また、リモートデスクトップを構成するコンポーネントやインストールシナリオの種類についても紹介します。

1 仮想化とは

仮想化といっても、ITコンピューティングの世界ではプログラムの仮想化からサーバーの仮想化までさまざまな種類があります。ここでは、仮想化について説明します。

仮想化の概要

日本語で「仮想」というと「仮に想定すること」という意味ですが、英語の「Virtualize」には「実物とは異なる事実上の」という意味も含まれています。ITコンピューティングの世界で使用している「仮想」は、どちらかというと英語の「実物とは異なる事実上の」という意味合いが強くなります。たとえば、仮想サーバーは、物理的なハードウェアを直接使用したり制御したりするサーバーではありませんが、ネットワーク上のユーザーやコンピューターから見ると実際の物理的なサーバーと変わりありません。そのため、ユーザーにとっては事実上のサーバーになります。

ITコンピューティングの「仮想化」（Virtualization）は、広い意味では、テクノロジの1つの層を次の層から分離することです。たとえば、サーバーから記憶域を分離したり、OSからアプリケーションを分離したりすることです。各層を分離することで、異なる層のテクノロジを統合したり、容易に管理したりできるようになります。仮想化は、物理デバイスを柔軟に利用するためのテクノロジと考えることもできます。そのため、少ない物理リソース（資源）で多くの論理リソースを作成します。たとえば、サーバーを仮想化すると、1台の物理コンピューターで、複数台の論理サーバー（仮想化されたサーバー）を利用できます。また、仮想ローカルエリアネットワーク（VLAN）では、物理的には1台のレイヤ2スイッチしか使用しませんが、複数の論理的なネットワークセグメントを作成できます。

仮想化の分野

ITコンピューティングの仮想化は、4つの分野に大別できます。

コンピューターの仮想化

コンピューターの仮想化は、1台の物理コンピューターで複数台の仮想コンピューターを提供する仮想化手法です。各仮想コンピューターでは、異なるオペレーティングシステム（OS）をインストールしたり、異なるアプリケーションを実行したりできます。物理的には1台のコンピューターですが、CPUやメモリの使用量の割り当てを制御することで、複数台の仮想コンピューターを同時に実行できるようにしています。

コンピューターの仮想化では、1台の物理的なコンピューターに複数台の仮想コンピューターを集約できるため、物理的な複数台のコンピューターを使用するよりも機器の購入コストや設置場所のコスト、電力コストを削減できるといった利点があります。サーバーコンピューターの仮想化では、管理者が複数台のサーバーを行き来する必要がなくなるため、管理コストの削減にもつながります。また、開発環境やテスト環境などでは、1台の物理コンピューター上で複数の仮想コンピューターを実行できるため、評価機の購入コストの削減という利点もあります。

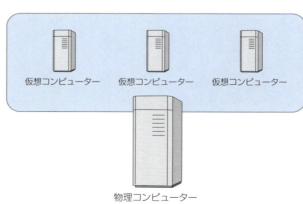

必要に応じて新しい仮想コンピューターを作成できる
コンピューターの仮想化

記憶域の仮想化

記憶域（ストレージ）の仮想化は、物理的には1台のハードディスクを複数台のハードディスクとして扱えるようにする仮想化手法です。記憶域の仮想化では、1個のハードディスクの領域を複数個に分割して、あたかも複数台のハードディスクがあるかのように見せかけています。たとえば、iSCSIデバイスのハードディスクでは、物理的なハードディスクを複数の論理的な領域（LUN：論理ユニット番号）に分割しており、コンピューターから見る各領域がそれぞれ1台のハードディスクとして認識されます。

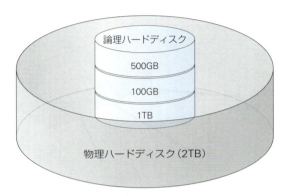

必要に応じて新しい論理ハードディスクを作成できる
記憶域の仮想化

記憶域の仮想化では、物理ディスクの柔軟性が向上します。記憶域を仮想化すると、物理的に1台のハードディスクを使用し、必要に応じて新しい仮想ハードディスクを作成できるため、ハードディスクの購入コストを削減できます。また、複数の記憶域を1つの記憶域としてまとめることもできるため、記憶域の容量を気にする必要がなくなるといった利点もあります。

また、記憶域用のネットワークを使用している場合には、コンピューターに物理ハードディスが1つしかない場合でも、ネットワーク上にあるディスク領域をコンピューターの記憶域として追加できます。記憶域用のネットワークには、ファイルサーバーの共有フォルダーへの接続にドライブ文字を割り当てる方法に似ているNAS（Network Attached Storage）と、ネットワーク経由で接続してあたかもローカルドライブのように見せかけるSAN（ストレージエリアネットワーク）があります。

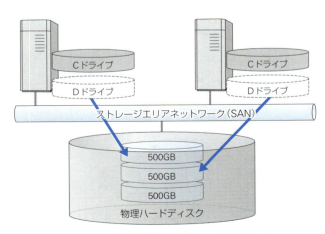

ネットワーク経由で接続してドライブを追加できる
ストレージエリアネットワーク

ネットワークの仮想化

ネットワークの仮想化は、物理的には1つのネットワークを複数のネットワークに分割したり、1つのネットワーク上に異なるネットワークを作成したりする仮想化手法です。たとえば、仮想ローカルエリアネットワーク（VLAN）では、物理的には1台のレイヤ2スイッチ（L2スイッチ）で、複数の論理的なセグメントを作成できます。VLANでは1台のL2スイッチで複数のネットワークを作成できるため、部署ごとや利用目的ごとにネットワークを分割できます。ただし、部署間での通信も必要な場合には、ルーターやレイヤ3スイッチ（L3スイッチ）を使用してVLANネットワークをルーティングできるようにしなければなりません。

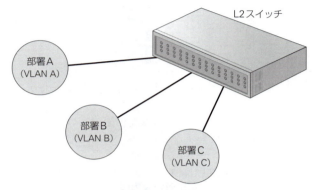

VLANで部署ごとにネットワークを作成できる
ネットワークの仮想化

また、仮想プライベートネットワーク（VPN）では、インターネットなどのパブリックネットワーク上に、あたかもLANのようなプライベートネットワークを作成できます。VPNを使用するとパブリックネットワーク経由で社内LANに安全にアクセスできるため、拠点間通信用の専用回線の契約コストやモデムインフラストラクチャの構築コストを削減できるという利点があります。

ネットワーク上でのパケットの流れ（フロー）を細かく制御できるように、多くのネットワークデバイスを使用してネットワークが複雑化する傾向があります。近年では、この複雑化したネットワークをシンプルに管理できるように、ソフトウェアでネットワークを制御するという概念が出てきました。これは、SDN（ソフトウェア定義ネットワーク）と呼ばれます。

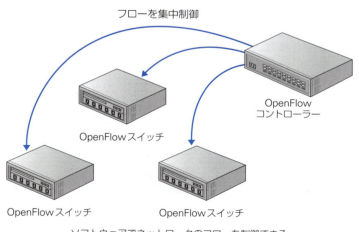

ソフトウェアでネットワークのフローを制御できる
OpenFlow

SDNの方式の1つとして有力なのが、OpenFlowを使用したネットワークフローの制御です。今までのネットワークデバイスでは、どのパケットをどこに流すかの設定をルーターやL3スイッチそれぞれで行っていました。OpenFlowでは、個々のネットワークデバイスでネットワークのフローを制御するのではなく、OpenFlowコントローラーがフローの制御を行います。パケットがどの経路を通るかまで制御できるため、スイッチに接続されているサーバーやコンピューターに依存せずに、ネットワーク上での通信を分割したりまとめたりできます。これにより、ネットワークがシンプルになり、経路制御が簡単になるため、ネットワークデバイスの設定コストなどの大幅な削減が見込めます。

デスクトップやアプリケーションの仮想化

デスクトップやアプリケーションの仮想化は、クライアントコンピューター上にOSやアプリケーションをインストールしなくても、デスクトップやアプリケーションを使用できるようにする仮想化手法です。OSやアプリケーションはサーバー上で実行されるため、クライアント上にインストールする必要はありません。

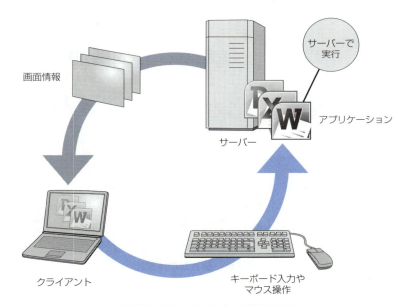

OSやアプリケーションを一元管理できる
デスクトップやアプリケーションの仮想化

デスクトップやアプリケーションの仮想化では、OSやアプリケーションがサーバー上にあるため、複数のクライアントコンピューターをサーバー上で一括管理できます。これにより、各クライアントコンピューターでのアプリケーションのインストールや更新といった管理コストを削減できます。また、クライアントコンピューター上にハードディスクを搭載せず、サーバー上にすべてのデータを格納する手法を取ると、情報漏えいに対するセキュリティを向上できるという利点もあります。クライアントコンピューターにハードディスクを搭載しない手法は、「シンクライアントソリューション」と呼ばれています。

マイクロソフトの仮想化ソリューション

マイクロソフトは、サーバーやコンピューターの仮想化からデスクトップやアプリケーションの仮想化まで、さまざまな仮想化ソリューションを提供しています。マイクロソフトの仮想化ソリューションは、5つの分野に大きく分かれています。

プレゼンテーションの仮想化

プレゼンテーションの仮想化では、サーバー側でアプリケーションを実行し、クライアント側でアプリケーションを操作します。プレゼンテーションの仮想化は、画面情報と入出力情報を分離することで、サーバー上でのアプリケーションの実行を実現しています。プレゼンテーションの仮想化では、1つのアプリケーションだけを実行したり、デスクトップ全体を表示したりできます。

プレゼンテーションの仮想化は、Windows Serverのリモートデスクトップサービスの機能と、クライアントコンピューターのリモートデスクトップ接続の機能で実現できます。

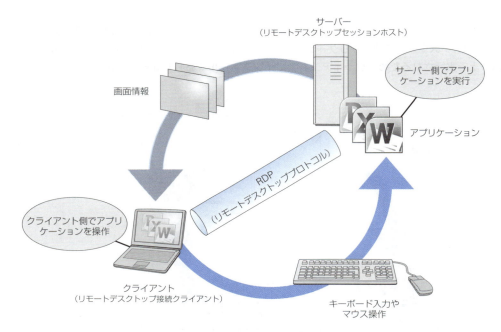

プレゼンテーションの仮想化

プレゼンテーションの仮想化には、次のような利点があります。

- データをサーバー上に格納できるため、管理者がデータを集中管理できるようになり、結果としてセキュリティが向上する。
- アプリケーションをサーバー上で集中管理できるため、アプリケーションの管理コストを削減できる。
- アプリケーションはサーバー上で実行されるため、クライアントOSとアプリケーションの互換性を確認する必要がなくなり、アプリケーションの管理コストを削減できる。

アプリケーションの仮想化

アプリケーションの仮想化は、アプリケーションとアプリケーションの実行環境を仮想化します。アプリケーションの実行環境ごと仮想化されるため、クライアントOSに直接アプリケーションをインストールしなくても、クライアントOSでアプリケーションを実行できます。アプリケーションはクライアントコンピューター上の仮想化された実行環境で動作しますが、この実行環境はOSと統合されているため、アプリケーションからOSのシステムサービスにアクセスできます。これは、仮想化されたアプリケーションからデータをコピーして、OSに直接インストールされている別のアプリケーションに貼り付けできるということです。

アプリケーションの仮想化では、実行環境を仮想化します。そのため、アプリケーションの互換性に問題（DLLの競合など）がある場合でも、実行環境ごとにインストールされるため、それらのアプリケーションを1台のコンピューターにインストールできます。たとえば、アプリケーションの仮想化環境では、Microsoft Office 2007、2010、2013などのアプリケーションを、1台のコンピューターにインストールして同時に実行できます。

アプリケーションの仮想化は、Microsoft Application Virtualization（App-V）を使用して実現できます。なお、App-Vは、Microsoft SoftGrid Application Virtualizationの後継版です。

App-Vでの仮想アプリケーションの展開

App-Vでは、App-VサーバーからApp-Vクライアントに、ストリーミングによりアプリケーションを配信します。仮想アプリケーションを配信するときには、アプリケーションの設定情報も一緒に配信できます。また、App-Vクライアントでは仮想アプリケーションをキャッシュできるため、外出先でノートPCなどを使用する場合でも、オフラインでアプリケーションを利用できます。

App-Vによるソフトウェアの仮想化

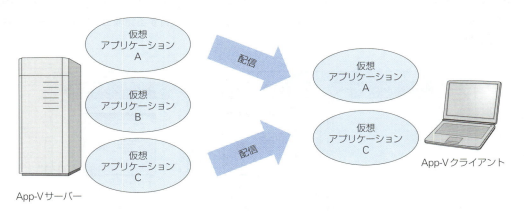

App-Vによる仮想アプリケーションの展開

アプリケーションの仮想化には、次のような利点があります。

・実行環境ごとにインストールされるため、アプリケーションの展開コストを削減できる。
・互換性問題のあるアプリケーションでも1台のコンピューターで実行できる。
・クライアントコンピューターにキャッシュするように仮想アプリケーションを構成すると、オフラインでも使用できる。

サーバーの仮想化

サーバーの仮想化は、物理コンピューターを仮想化します。特に、サーバーコンピューター用の仮想コンピューター環境を作成します。この仮想コンピューターは「仮想マシン」といいます。サーバーの仮想化でも仮想マシンごとに

独立したOS環境を構築できるため、1台の物理コンピューター上に異なる環境のサーバーを作成できます。サーバーの仮想化には、次のような利点があります。

- 1台の物理コンピューターだけで、複数のOSを同時に実行できる。
- 複数台の物理サーバーを購入するのではなく、1台の高性能なサーバーに統合できる。
- サーバーを統合できるため、管理要員、設置場所、電力などのコストを削減できる。
- 1台の物理コンピューターだけで、テスト環境や評価環境の仮想マシンを構築できる。
- 仮想マシンの仮想ハードディスクはファイルのため、簡単にサーバーをバックアップできる。
- 仮想マシンは、物理コンピューター間で移行できる。

サーバーの仮想化は、Windows ServerのHyper-Vで実現できます。

Hyper-V

Hyper-Vは、サーバーの仮想化テクノロジとして、ハイパーバイザー型の仮想化テクノロジを使用しています。Hyper-Vでは、「ハイパーバイザー」と呼ばれる仮想化用の小さなソフトウェアモジュールを使用しています。仮想マシンはハイパーバイザー上に用意された入出力（I/O）モジュールを使用して物理デバイスにアクセスするため、高いパフォーマンスを実現できます。また、Hyper-Vでは、64ビットのゲストOSもサポートしています。

Hyper-Vでは、Hyper-VをインストールするWindows Server OSも仮想マシンになります。この仮想マシンは、他の仮想マシンを管理するために使用します。Hyper-VをインストールしたWindows Serverの仮想マシンの領域は、他の仮想マシンの管理で使用することから「親パーティション」と呼ばれます。親パーティションで管理する仮想マシンの領域は「子パーティション」と呼ばれます。なお、Hyper-Vを実行する物理コンピューターは「Hyper-Vホスト」と呼ばれます。

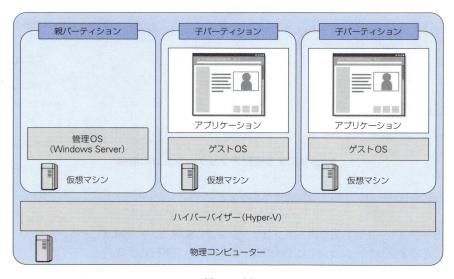

Hyper-V

デスクトップの仮想化

デスクトップの仮想化は、コンピューターの仮想化です。特に、クライアントコンピューター用の仮想コンピューター環境を作成します。この仮想コンピューターを「仮想マシン」といいます。デスクトップの仮想化では、仮想マシンごとに独立したOS環境を構築できます。そのため、1台の物理コンピューター上に異なる環境のコンピューターを作成できます。

デスクトップの仮想化は、Windows 8/8.1やWindows 10のHyper-Vで実現できます。

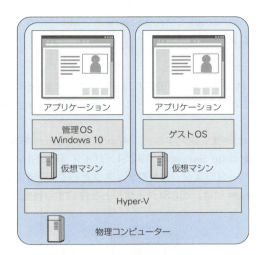

Hyper-V

デスクトップの仮想化には、次のような利点があります。

- 物理コンピューターで最新のOSを使用しつつ、互換性のないアプリケーションや基幹業務アプリケーションを仮想マシンで実行できる。
- 1台の物理コンピューターだけで、物理コンピューター上で複数のIT環境を実行できる。
- 1台の物理コンピューターだけで、テスト環境や評価環境の仮想マシンを構築できる。

デスクトップ仮想化の拡張
●VDI

VDI（Virtual Desktop Infrastructure：仮想デスクトップインフラストラクチャ）は、サーバーの仮想化とプレゼンテーションの仮想化を組み合わせたものです。サーバーの仮想化では、Hyper-Vホスト上に複数の仮想マシンを作成できますが、仮想マシンにインストールするゲストOSはサーバーOSだけでなく、Windows 7やWindows 10などのデスクトップOSも実行できます。そのため、仮想化したデスクトップをHyper-Vホスト上に集約できるようになります。

また、プレゼンテーションの仮想化では、リモートデスクトッププロトコルを使用して、ネットワーク経由でデスクトップにアクセスできます。リモートデスクトッププロトコルでは、物理コンピューターだけでなく、Hyper-Vホスト上の仮想マシンへもアクセスできます。そのため、VDIでは、クライアントコンピューター用に、Hyper-Vホストで仮想化したデスクトップを作成し、そのデスクトップへのアクセスにリモートデスクトップを利用します。

ストレージの仮想化

ストレージの仮想化とは、ローカルハードディスクの論理パーティション、ボリューム管理、仮想テープデバイスを含む、ストレージの仮想化技術です。ただし、ITコンピューティングでは、ストレージの仮想化とは通常、より強力なSAN（ストレージエリアネットワーク）のことを意味します。SANは、ストレージ専用のネットワークに接続したストレージデバイスで、柔軟にストレージの領域を割り当てたり、効果的にバックアップしたりできます。また、SANストレージデバイスは、クラスターの共有ディスクとしても使用できます。ストレージの仮想化では、ストレージの場所や管理方法に関係なく、サーバーはあたかもローカルディスクのようにアクセスできます。

ストレージの仮想化は、Microsoft Windows Storage ServerやMicrosoft System Center Data Protection Manager（SCDPM）で実現できます。

● Windows Storage Server

Windows Storage Serverでは、バックアップ用のストレージやクラスターディスクを構成できます。また、異種混在環境のファイルサービスを提供したり、複数のファイルサーバーを統合したりできます。そのため、ストレージを柔軟に管理できます。

Windows Storage Serverをわかりやすく説明すると、Windows Serverをストレージとして利用できるようにするための製品です。Windows Storage Serverは、iSCSIデバイス（iSCSIターゲット）として構成できるため、Windows Serverのフェールオーバークラスターの共有ディスクとして利用することもできます。なお、Windows Server 2012以降のWindows Serverには、iSCSIターゲットを作成する機能が組み込まれています。

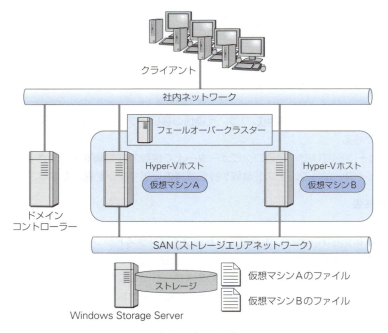

ストレージの仮想化

● System Center Data Protection Manager

System Center Data Protection Manager（SCDPM）は、マイクロソフトのアプリケーションに対して、データのバックアップ保護機能を提供します。SCDPMでは、マイクロソフトの主要製品であるMicrosoft SQL Server、

Microsoft Exchange Server、Microsoft SharePoint Serverや、Windowsファイルサービスを保護し、障害時になどに瞬時に回復できます。また、SCDPMでは、Microsoft Virtual ServerやHyper-Vの仮想マシンも保護できます。

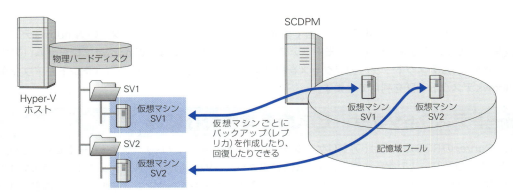

System Center Data Protection Manager

2 リモートデスクトップサービスとは

リモートデスクトップサービス（RDS）を一言で表すと、クライアントコンピューターのWindowsデスクトップ環境を仮想化するための仕組みです。リモートデスクトップサービスでは、Windowsプログラム（アプリケーション）やWindowsデスクトップへのアクセスを提供するサーバーに接続して、クライアントがアプリケーションやWindowsデスクトップを利用できます。

リモートデスクトップサービスの基本的な仕組み

Windows ServerのRDS環境では、アプリケーションやWindowsデスクトップがサーバー上で実行されます。クライアントには、サーバー上で実行されたWindowsプログラムやWindowsデスクトップの画面情報だけが送信されます。一方、クライアントからサーバーへは、ユーザーのキーボード入力やマウス操作の情報が送信されます（下図を参照）。

アプリケーションやWindowsデスクトップを高性能なサーバー上で実行できるため、ユーザーがスペックの低いクライアントコンピューターを使用している場合でも、高い性能が要求されるプログラムや最新のアプリケーションや最新のOSを操作できます。これらのWindowsプログラムやWindowsデスクトップはサーバーにのみインストールすればよく、クライアントコンピューターにインストールする必要はありません。

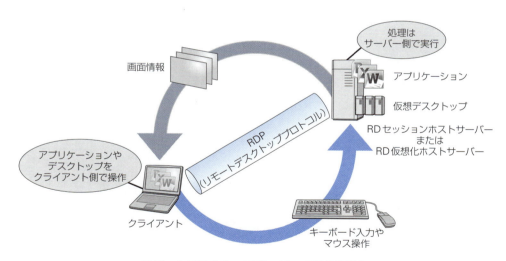

リモートデスクトップサービスの基本的動作

Windows ServerのRDSには、Windows Server上で実行するアプリケーションに接続する**セッションホストベースのRDS**と、Windows Server上で実行する仮想マシンに接続する**仮想化ホストベースのRDS**があります。

セッションホストベースのRDS

セッションホストベースのRDSでは、クライアントコンピューターがWindows Server上で実行するアプリケーションに接続し、そのアプリケーションの画面をクライアントコンピューター上に表示します。クライアントコンピューターに表示されるアプリケーションは、あたかもクライアントコンピューターで実行しているかのように表示

されます。

クライアントコンピューターからRDSのWindows Serverへの接続には、リモートデスクトッププロトコル（RDP）を使用します。アプリケーションの実行を主な目的としたWindows ServerのRDSでは、クライアントが接続するWindows Serverを「RDセッションホストサーバー」と呼びます。これは、クライアントコンピューターからRDセッションホストサーバーへの接続にRDPセッションを使用するためです。

> **ヒント**
>
> **リモートデスクトップサービス**
>
> Windows Server 2008まで、リモートデスクトップサービスは「ターミナルサービス」、RDセッションホストサーバーは「ターミナルサーバー」と呼ばれていました。Windows Server 2008 R2からは「リモートデスクトップサービス」と呼ばれています。

仮想化ホストベースのRDS

仮想化ホストベースのRDSでは、クライアントコンピューターがWindows Server上で実行する仮想マシンに接続し、その仮想マシンのデスクトップ画面をクライアントコンピューター上に表示します。仮想マシンは、Hyper-Vの仮想マシンとして実行するため、パフォーマンスを維持したまま実行できます。

クライアントコンピューターからRDSの仮想マシンへの接続には、リモートデスクトッププロトコル（RDP）を使用します。仮想マシンへの接続を主な目的としたWindows ServerのRDSでは、クライアントが接続する仮想マシンをホストしているWindows Serverを「RD仮想化ホストサーバー」と呼び、仮想マシンを「仮想デスクトップ」と呼びます。これは、クライアントコンピューターからRDPを使用してHyper-Vホスト上の仮想マシンへ接続するためです。なお、仮想化ホストベースのRDSは、クライアントコンピューターが仮想マシンのデスクトップを表示する仕組みを作ることから「仮想デスクトップインフラストラクチャ（VDI）」と呼ばれることもあります。

リモートデスクトップサービスの利点

リモートデスクトップサービスでは、アプリケーションや仮想デスクトップがクライアントコンピューターではなくRDセッションホストサーバーやRD仮想化ホストサーバー上にインストールされるため、それによるさまざまな利点が得られます。例として、次のような利点が考えられます。

- ・性能の高い高価なクライアントコンピューターを購入する必要がない。
- ・アプリケーションや仮想デスクトップを集中管理できるため、管理コストが削減できる。
- ・アプリケーションや仮想マシン上のOSのアップグレードやメンテナンスなどの管理負荷を削減できる。
- ・各クライアントコンピューターにWindowsプログラムを展開する必要がない。
- ・最新のアプリケーションやOSを企業全体にすばやく展開できる。
- ・リモートデスクトップサービスでは、基本的に画面情報と操作情報（キーボードやマウス入力）しか転送されないため、最小限のネットワーク帯域幅でリモートアプリケーションや仮想デスクトップにアクセスできる。
- ・リモートデスクトップサービスには、イントラネット以外にインターネット経由でもアクセスできる仕組みがあるため、自宅のコンピューターや出張先などからもアプリケーションや仮想デスクトップを操作できる。

リモートデスクトップサービスのコンポーネント

リモートデスクトップサービスは、「役割サービス」という複数のコンポーネントから構成されています。役割サービスとは、リモートデスクトップサービスなどの役割をサポートするために必要なサーバーサービスコンポーネントの

集まりです。そのため、役割サービスを「サーバー」と考えることも可能です。Windows Serverのリモートデスクトップサービスには、次の役割サービスがあります。

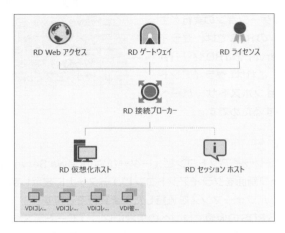

リモートデスクトップサービスのコンポーネント

● **RDセッションホスト**
RDセッションホスト（リモートデスクトップセッションホスト）は、クライアントがリモートから操作できるように、アプリケーションなどをホストする役割サービスです。RDセッションホストには、クライアントが実際に操作するアプリケーションをインストールする必要があります。アプリケーションは、RDセッションホスト上で実行されます。

● **RD仮想化ホスト**
RD仮想化ホスト（リモートデスクトップ仮想化ホスト）は、クライアントがリモートから操作できるように、仮想デスクトップをホストする役割サービスです。仮想デスクトップはHyper-Vの仮想マシンとして実行されます。そのため、RD仮想化ホストは、Hyper-Vの役割がインストールされたWindows Server（Hyper-Vホスト）になります。RD仮想化ホストサーバーには、クライアントが実際に操作する仮想マシン作成し、その仮想マシンへ適切なオペレーティングシステムをインストールする必要があります。

● **RD接続ブローカー**
RD接続ブローカー（リモートデスクトップ接続ブローカー）は、Windows ServerのRDSでクライアントコンピューターからのリモートデスクトップ接続要求を受け付ける重要なコンポーネントです。また、RD接続ブローカーは、クライアントコンピューターからの接続要求を複数のRDセッションホストサーバー間やRD仮想化ホストサーバー間で負荷分散するための仕組みも提供します。RDセッションホストサーバー間やRD仮想化ホストサーバー間で負荷が分散されるため、ユーザーが快適にアプリケーションや仮想デスクトップを実行できるようになります。
さらに、RD接続ブローカーは、RDセッションの管理も行います。VDI環境（仮想化ホストベースのRDS）においては、RD仮想化ホストサーバーへ仮想マシンを自動的に展開する仕組みも提供します。

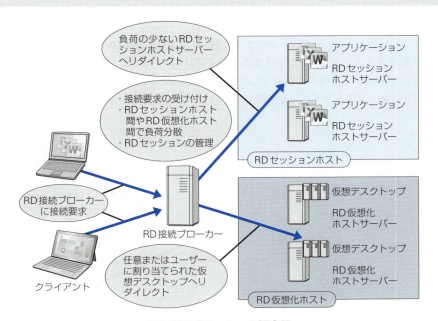

RD接続ブローカーの概念図

● RD Webアクセス

RD Webアクセス（リモートデスクトップWebアクセス）は、ユーザーがRDセッションホストサーバー上のアプリケーションやRD仮想化ホストサーバー上の仮想デスクトップにアクセスするためのWebサイトを提供します。ユーザーは、Webブラウザーを使用してRD WebアクセスサーバーのRD Webサイトを参照することによって、RDS環境で利用可能なアプリケーションや仮想デスクトップを確認できます。また、実際には、RDP（リモートデスクトッププロトコル）を使用してアプリケーションや仮想デスクトップにアクセスしますが、Webブラウザーからアプリケーションや仮想デスクトップを開始できます。

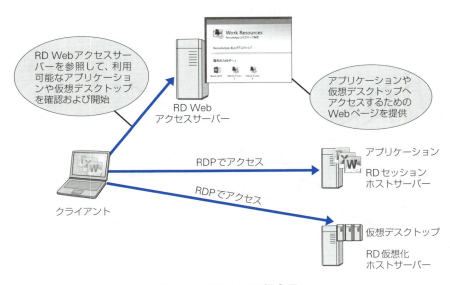

RD Webアクセスの概念図

● **RDゲートウェイ**

RDゲートウェイ（リモートデスクトップゲートウェイ）は、インターネットなどの外部ネットワーク経由でRDSのアプリケーションや仮想デスクトップにアクセスするクライアントが、安全に企業の内部ネットワークにあるアプリケーションや仮想デスクトップへ接続できるように中継する仕組みを提供します。RDゲートウェイサーバーは、クライアントとRDセッションホストサーバーや仮想デスクトップ間の接続を中継する役割を果たします。

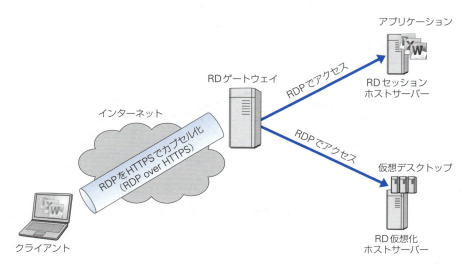

RDゲートウェイの概念図

● **RDライセンス**

クライアントコンピューターからRDセッションホストサーバー上のアプリケーションやRD仮想化ホストサーバー上の仮想デスクトップにアクセスするには、RDS CAL（リモートデスクトップサービスクライアントアクセスライセンス）が必要になります。RDライセンス（リモートデスクトップライセンス）は、クライアントがアプリケーションや仮想デスクトップへ接続するために必要なRDS CALを管理するためのサーバーです。

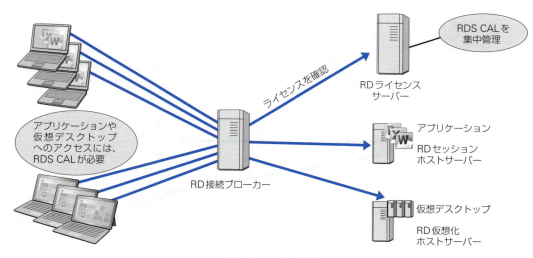

RDライセンスの概念図

Windows Virtual Desktop

Windows Virtual Desktop（WVD）は、クラウド（Azure）で提供されている仮想デスクトップ環境（VDI）です。そのため、ユーザーは、インターネット接続さえあれば、場所を気にすることなく、自分の仮想デスクトップに接続できます。

WVDの概要

オンプレミスでVDI環境を構築するには、RD接続ブローカー、RD Webアクセス、RDゲートウェイなど、多くのサーバーが必要です。しかし、WVDではこれらのサーバーが管理サービスとして提供されるため、煩雑なサーバー管理をする必要がありません。

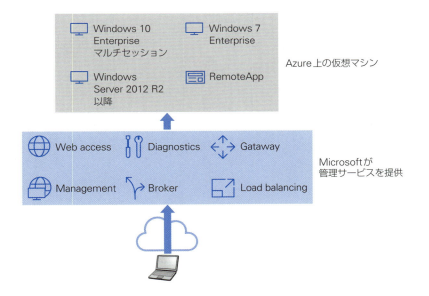

WVDの特徴

WVDでは、Windows 10のマルチセッション接続を利用できます。通常のVDIでは、ユーザーごとに仮想マシンを割り当て、その仮想マシンごとにWindows 10などのクライアントOSを利用する必要あります。しかし、マルチセッション接続のWindows 10を利用することで、1台の仮想マシンで複数のユーザーに仮想デスクトップを提供できます。1台の仮想マシンに複数ユーザーがログインできるため、仮想マシンのリソースの使用が少なくなり、その分コストを削減できます。

WVDへの接続

ユーザーがWVDの仮想マシンへ接続する方法には、クライアントアプリをインストールして接続する方法と、Web Client（HTML5）で接続する方法があります。

- ・クライアントアプリは、次のURLからダウンロードできます。
  https://go.microsoft.com/fwlink/?linkid=2068602
- ・Web Clientを使用する場合は、Webブラウザーで次のURLにアクセスします。
  https://rdweb.wvd.microsoft.com/webclient

パブリックプレビュー

なお、本書執筆時点（2019年6月）では、WVDはパブリックプレビューのみが提供されています。パブリックプレビューでの注意点については、「Windows Virtual Desktop プレビューとは」（https://docs.microsoft.com/ja-jp/azure/virtual-desktop/overview）を参照してください。

RDS/VDIの
イントールと削除

第 **2** 章

1 RDSをクイックスタート展開するには

2 RDSを標準展開するには

3 RDセッションホストサーバーを削除するには

4 VDIのクイックスタート展開を準備するには

5 VDIのクイックスタート用に
Active Directoryドメインサービスを設定するには

6 VDIをクイックスタート展開するには

7 VDIを標準展開するには

8 RD仮想化ホストサーバーを削除するには

この章では、リモートデスクトップサービスのセッションホストベース/仮想マシンベースのデスクトップを展開する方法について解説します。また、RDセッションホストやRD仮想化ホストの追加および削除方法についても紹介します。

セッションホストベースのデスクトップ（RDS）

Windows Server 2012以降のリモートデスクトップサービス（RDS）には、セッションホストベースのデスクトップと仮想化ホストベースのデスクトップがあります。セッションホストベースのデスクトップでは、Windows Server 2008 R2までのリモートデスクトップサービス（またはターミナルサービス）と同じようにプレゼンテーションの仮想化を実現できます。そのため、セッションホストベースのデスクトップは、従来と同じように「リモートデスクトップサービス（RDS）」と呼ばれています。なお、仮想化ホストベースのデスクトップでは、仮想マシンのデスクトップを提供するため、「仮想デスクトップインフラストラクチャ（VDI）」と呼ばれます。

RDSの展開方法

Windows Server 2012以降のRDSでは、Windows Server 2008 R2までのインストール方法のように、各サーバーでRDSの役割サービスをインストールする必要がなくなりました。Windows Server 2012以降のRDSでは、RD接続ブローカー、RD Webアクセス、RDセッションホストの役割サービスを実行するサーバーが必須ですが、これらの役割サービスはウィザード形式で簡単にインストールできます。

RDSの役割サービスのインストールは、「展開」と呼ばれています。セッションホストベースのデスクトップには、展開で必要となる3つの基本的な役割サービスを1台のサーバーにインストールするクイックスタート展開と、これらの役割サービスを個別のサーバーにインストールする標準の展開があります。

クイックスタート展開

リモートデスクトップサービスに必要なRD接続ブローカー、RD Webアクセス、RDセッションホストの役割サービスを1台のサーバーにインストールする展開方法です。主に、リモートデスクトップサービスの評価環境やテスト環境での利用を目的としています。

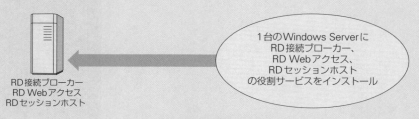

クイックスタート展開

標準の展開

リモートデスクトップサービスに必要なRD接続ブローカー、RD Webアクセス、RDセッションホストの役割サービスを個別のサーバーにインストールする展開方法です。必要に応じてリモートデスクトップサービスの役割サービスを各サーバーに柔軟に展開できるため、主に実稼働環境で利用されます。

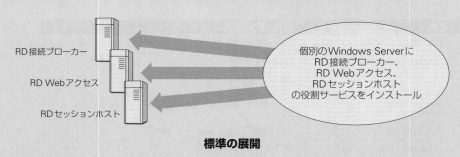

標準の展開

●サーバープール

Windows Server 2012以降のRDSの標準の展開は、RD接続ブローカーの役割サービスをインストールするWindows Serverで実行します。異なるサーバーにRDSの役割サービスをインストールするには、まず、各サーバーを管理できるように、RD接続ブローカーとなるサーバーのサーバーマネージャーのサーバープールに、管理対象のサーバーをすべて追加する必要があります。

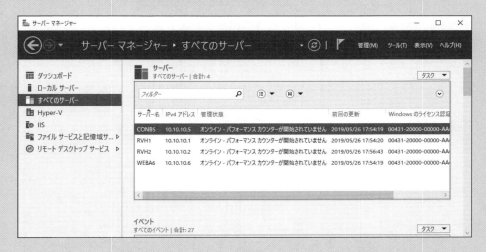

RDSの想定環境

ここでは、この章で以降の手順を実行するために必要となる想定環境を紹介します。ここでは、Windows Server 2019のRDSの各役割サービスを理解しやすいように、5台のコンピューターを使用します。各コンピューターの役割は、次の表のとおりです。

名前	OS	役割/使用目的
DC100	Windows Server 2019 Datacenter	domain.localドメインのドメインコントローラー DNSサーバー DHCPサーバー エンタープライズルートCA
ConB5	Windows Server 2019 Datacenter	メンバーサーバー RD接続ブローカーサーバー
WebA6	Windows Server 2019 Datacenter	メンバーサーバー RD Webアクセスサーバー
RVH1	Windows Server 2019 Datacenter	メンバーサーバー RDセッションホストサーバー (クイックスタート展開および標準の展開で使用)
RVH2	Windows Server 2019 Datacenter	メンバーサーバー RDセッションホストサーバー (RDセッションホストの追加と削除で使用)

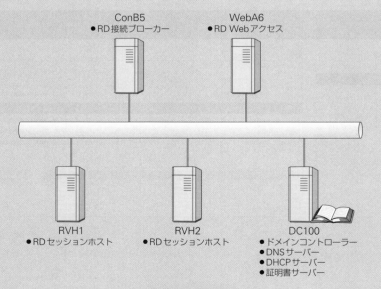

RDSの想定環境

1 RDSをクイックスタート展開するには

Windows Serverのリモートデスクトップサービス（RDS）で、セッションホストベースのデスクトップの展開には、RD接続ブローカー、RD Webアクセス、RDセッションホストの役割サービスを1台のサーバーにインストールするクイックスタート展開と、これらの役割サービスを個別のサーバーにインストールする標準の展開があります。ここでは、クイックスタート展開の手順を紹介します。

RDSをクイックスタート展開する

❶ サーバーマネージャーで［管理］をクリックし、［役割と機能の追加］を選択する。
  ▶［役割と機能の追加ウィザード］が表示される。

❷［開始する前に］ページで、［次へ］をクリックする。

❸［インストールの種類の選択］ページで、［リモートデスクトップサービスのインストール］を選択する。

❹［次へ］をクリックする。

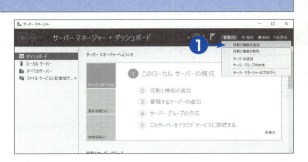

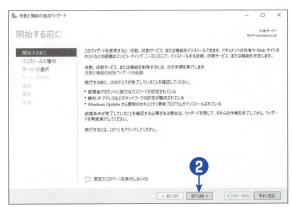

ヒント

サーバーマネージャーを表示するには

サーバーマネージャーを表示するには、スタートボタンをクリックし、［サーバーマネージャー］アイコンをクリックします。

サーバーマネージャーを非表示にするには

サーバーマネージャーは、［管理］－［サーバーマネージャーのプロパティ］で［ログオン時にサーバーマネージャーを自動的に起動しない］チェックボックスをオンにすると、次回ログオン時から自動的に表示されなくなります。

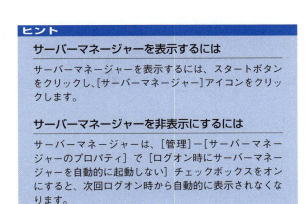

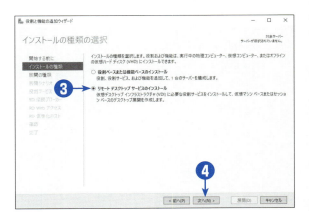

❺
［展開の種類の選択］ページで、［クイックスタート］を選択する。

❻
［次へ］をクリックする。

❼
［展開シナリオの選択］ページで、［セッションベースのデスクトップ展開］を選択する。

❽
［次へ］をクリックする。

❾
［サーバーの選択］ページで、［サーバープール］ボックスからRD接続ブローカー、RD Webアクセス、RDセッションホストの役割サービスをインストールするサーバーを選択する。

❿
右矢印（▶）をクリックする。

▶［選択済み］ボックスに、選択したサーバーが表示される。

⓫
［次へ］をクリックする。

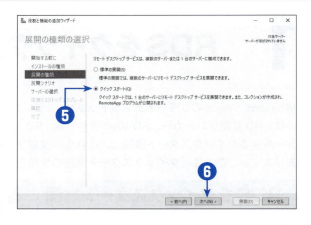

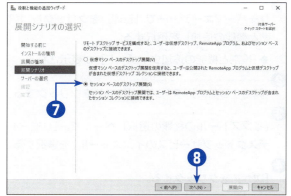

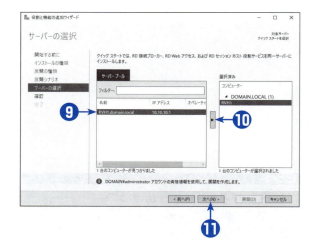

⓬
［選択内容の確認］ページで、［必要に応じてターゲットサーバーを自動的に再起動する］チェックボックスをオンにする。

⓭
［展開］をクリックする。
▶ リモートデスクトップサービスがインストールされ、サーバーが再起動する。

⓮
再起動後、ドメイン管理者または管理者権限のあるアカウントでサインインする。
▶ ［役割と機能の追加ウィザード］が表示される。

⓯
［進行状況の表示］ページで、リモートデスクトップサービスのインストールが成功したことを確認し、［閉じる］をクリックする。

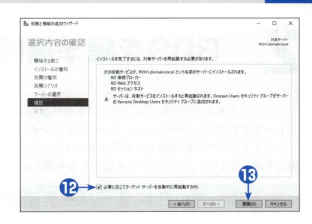

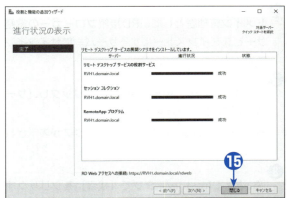

2 RDSを標準展開するには

セッションホストベースのデスクトップを標準展開するには、まず、RD接続ブローカーの役割サービスをインストールするサーバーのサーバープールに、RD WebアクセスとRDセッションホストの役割サービスをインストールするサーバーを追加する必要があります。ここでは、サーバープールにサーバーを追加する手順、標準展開の手順、RDセッションホストを追加する手順を紹介します。

サーバープールにサーバーを追加する

❶ ドメイン管理者として、RD接続ブローカーの役割サービスをインストールするサーバーにサインインする。

❷ サーバーマネージャーで[管理]をクリックし、[サーバーの追加]を選択する。
  ▶ [サーバーの追加]ダイアログボックスが表示される。

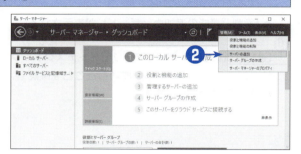

❸ [Active Directory]タブで[検索]をクリックする。
  ▶ ドメイン内のコンピューターが一覧表示される。

❹ RD Webアクセス、RDセッションホストをインストールするサーバーを選択する。

❺ 右矢印(▶)をクリックする。
  ▶ [選択済み]ボックスに、選択したサーバーが表示される。

❻ [OK]をクリックする。

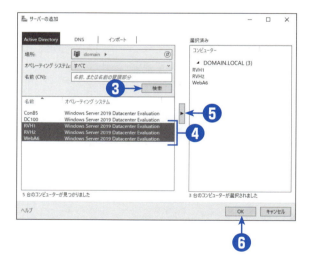

RDSを標準展開する

❶ RD接続ブローカーサーバーのサーバーマネージャーで［管理］をクリックし、［役割と機能の追加］を選択する。
　➡［役割と機能の追加ウィザード］が表示される。

❷ ［開始する前に］ページで、［次へ］をクリックする。

❸ ［インストールの種類の選択］ページで、［リモートデスクトップサービスのインストール］を選択する。

❹ ［次へ］をクリックする。

❺ ［展開の種類の選択］ページで、［標準の展開］を選択する。

❻ ［次へ］をクリックする。

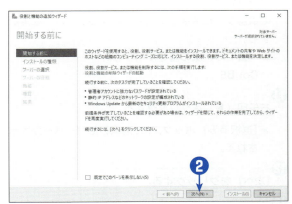

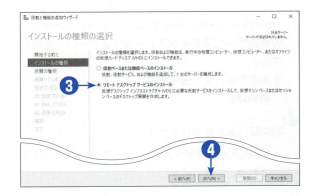

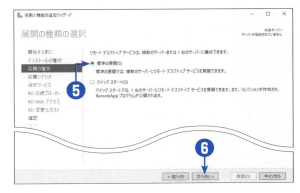

❼
[展開シナリオの選択] ページで、[セッションベースのデスクトップ展開] を選択する。

❽
[次へ] をクリックする。

❾
[役割サービスの確認] ページで、[次へ] をクリックする。

❿
[RD接続ブローカーサーバーの指定] ページで、[サーバープール] ボックスからRD接続ブローカーの役割サービスをインストールするサーバーを選択する。
●本書では、次の値を使用する。
　ConB5

⓫
右矢印（▶）をクリックする。
➡ [選択済み] ボックスに、選択したサーバーが表示される。

⓬
[次へ] をクリックする。

⓭
[RD Webアクセスサーバーの指定] ページで、[サーバープール] ボックスからRD Webアクセスの役割サービスをインストールするサーバーを選択する。
●本書では、次の値を使用する。
　WebA6

⓮
右矢印（▶）をクリックする。
➡ [選択済み] ボックスに、選択したサーバーが表示される。

⓯
[次へ] をクリックする。

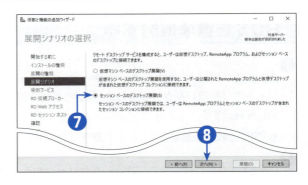

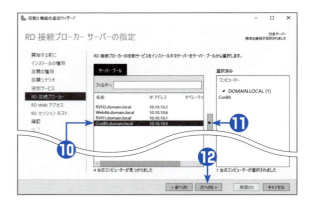

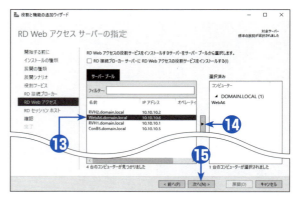

⓰ [RDセッションホストサーバーの指定] ページで、[サーバープール] ボックスからRDセッションホストの役割サービスをインストールするサーバーを選択する。
● 本書では、次の値を使用する。
　RVH1

⓱ 右矢印 (▶) をクリックする。
▶ [選択済み] ボックスに、選択したサーバーが表示される。

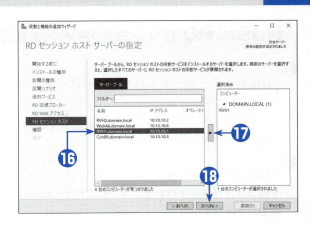

⓲ [次へ] をクリックする。

⓳ [選択内容の確認] ページで、[必要に応じてターゲットサーバーを自動的に再起動する] チェックボックスをオンにする。

⓴ [展開] をクリックする。
▶ 各サーバーにリモートデスクトップサービスの役割サービスサービスがインストールされ、RDセッションホストサーバーが再起動する。

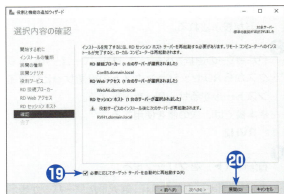

㉑ [進行状況の表示] ページで、リモートデスクトップサービスのインストールが成功したことを確認し、[閉じる] をクリックする。

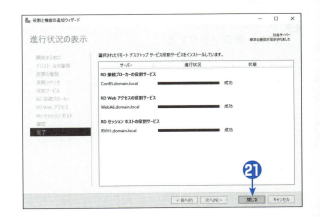

RDSにRDセッションホストを追加する

❶
RD接続ブローカーサーバーのサーバーマネージャーのナビゲーションペインで、[リモートデスクトップサービス] をクリックする。
▶ [概要] ページが表示される。

❷
[展開の概要] セクションで [RDセッションホスト] を右クリックし、[RDセッションホストサーバーの追加] を選択する。
▶ [RDセッションホストサーバーの追加] ウィザードが表示される。

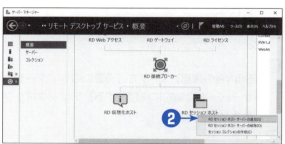

❸
[サーバーの選択] ページで、[サーバープール] ボックスからRDセッションホストの役割サービスをインストールするサーバーを選択する。
● 本書では、次の値を使用する。
RVH2

❹
右矢印（▶）をクリックする。
▶ [選択済み] ボックスに、選択したサーバーが表示される。

❺
[次へ] をクリックする。

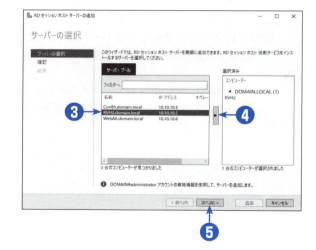

❻ ［選択内容の確認］ページで、［必要に応じてリモートコンピューターを再起動する］チェックボックスをオンにする。

❼ ［追加］をクリックする。
▶ RDセッションホストの役割サービスがインストールされ、RDセッションホストサーバーが再起動する。

❽ ［進行状況の表示］ページで、RDセッションホストの役割サービスのインストールが成功したことを確認し、［閉じる］をクリックする。

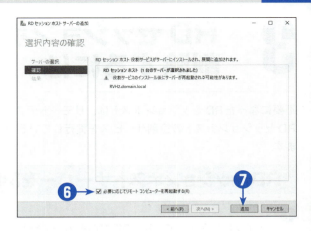

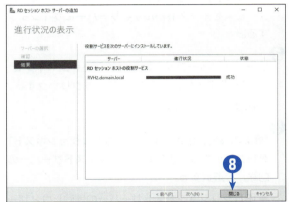

3 RDセッションホストサーバーを削除するには

不要になったRDセッションホストは、リモートデスクトップサービス（RDS）から削除できます。ここでは、RDセッションホストの役割サービスを実行しているサーバーから、その役割サービスを削除する方法を紹介します。

RDセッションホストサーバーを削除する

❶ ドメイン管理者として、RD接続ブローカーの役割サービスをインストールするサーバーにサインインする。

❷ サーバーマネージャーのナビゲーションペインで、[リモートデスクトップサービス]をクリックする。
▶ [概要] ページが表示される。

❸ [展開の概要] セクションで [RDセッションホスト] を右クリックし、[RDセッションホストサーバーの削除] を選択する。
▶ [RDセッションホストサーバーの削除] ウィザードが表示される。

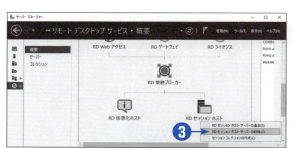

❹ [サーバーの選択] ページで、[サーバープール] ボックスからRDセッションホストの役割サービスを削除するサーバーを選択する。
● 本書では、次の値を使用する。
　RVH2

❺ 右矢印（▶）をクリックする。
▶ [選択済み] ボックスに、選択したサーバーが表示される。

❻ [選択したサーバーからRDセッションホストの役割サービスをアンインストールする] チェックボックスをオンにする。

❼ [次へ] をクリックする。

❽ ［選択内容の確認］ページで、［削除］をクリックする。
▶ RDセッションホストの役割サービスがアンインストールされ、サーバーが再起動する。

❾ ［進行状況の表示］ページで、RDセッションホストの役割サービスの削除が成功したことを確認し、［閉じる］をクリックする。

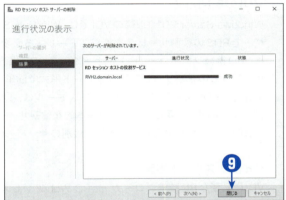

仮想化ホストベースのデスクトップ（VDI）

Windows Server 2012以降のリモートデスクトップサービス（RDS）には、セッションホストベースのデスクトップと仮想化ホストベースのデスクトップがあります。セッションホストベースのデスクトップでは、Windows Server 2008 R2までのリモートデスクトップサービス（またはターミナルサービス）と同じようにプレゼンテーションの仮想化を実現できます。そのため、セッションホストベースのデスクトップは、従来と同じように「リモートデスクトップサービス（RDS）」と呼ばれています。なお、仮想化ホストベースのデスクトップでは、仮想マシンのデスクトップを提供するため、「仮想デスクトップインフラストラクチャ（VDI）」と呼ばれます。

VDIの展開方法

Windows Server 2012以降のVDIでは、Windows Server 2008 R2までのインストール方法のように、各サーバーでRDSの役割サービスをインストールする必要がなくなりました。Windows Server 2012以降のVDIでは、RD接続ブローカー、RD Webアクセス、RD仮想化ホストの役割サービスを実行するサーバーが必須ですが、これらの役割サービスはウィザード形式で簡単にインストールできます。

VDI用のRDSの役割サービスのインストールは、「展開」と呼ばれています。仮想マシンベースのデスクトップには、展開で必要となる3つの基本的な役割サービスを1台のサーバーにインストールするクイックスタート展開と、これらの役割サービスを個別のサーバーにインストールする標準の展開があります。

クイックスタート展開

VDIに必要なRD接続ブローカー、RD Webアクセス、RDセッションホストの役割サービスを1台のサーバーにインストールする展開方法です。主に、VDIの評価環境やテスト環境での利用を目的としています。

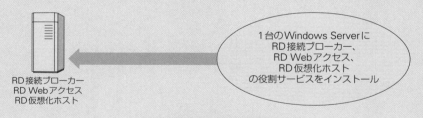

クイックスタート展開

●仮想デスクトップテンプレート

VDIのクイックスタート展開では、仮想マシンを複製して展開できるように、「仮想デスクトップテンプレート」と呼ばれる準備された仮想ハードディスクファイルが必要になります。これは、Windows ServerのVDIにおいて、仮想マシンの「コレクション」を作成および展開するために、RD仮想化ホストサーバーに仮想デスクトップテンプレートが必要なためです。仮想デスクトップテンプレートは、コレクションで使用する仮想マシンを作成するためのベースとなるSysprep済みの仮想マシンです。

● コレクション
「コレクション」とは、VDIで使用する仮想デスクトップを論理グループにまとめたものです。コレクションは、ユーザーに直接割り当てたり、複数のユーザーで共同使用する複数の仮想マシンをプールしたりできます。コレクションについては、第3章のコラム「VDIの管理」を参照してください。

● Sysprep
Sysprep（システム準備）ツールは、Windows OSをバンドルした複数のコンピューターを作成する際に、元となるディスクイメージを作成するためにWindows OSを準備するツールです。Sysprepは、複数のコンピューターにWindows OSを展開できるように、Windows OSからシステム固有のデータを削除します。システム固有のデータとは、コンピューター名やコンピューターSIDのことです。

Windows Server 2012以降およびWindows 8以降のSysprepでは、仮想化用に新しいVMモードができました。VMモードでは、VMモードなしでSysprepを実行した仮想ハードディスクイメージよりも、仮想マシンの初回起動が早くなります。仮想マシンでは、物理コンピューターと比較するとハードウェアデバイスの検出などの必要性が少なくなります。たとえば、物理コンピューターではDVDデバイスやグラフィックアダプターを検出してデバイスドライバーをインストールしますが、仮想マシンの場合には必要ありません。SysprepのVMモードでは、これらのデバイスの検出を省略することにより、素早い初回起動を実現しています。SysprepのVMモードは、GUIのシステム準備ツールでは実行できません。SysprepでVMモードを使用するには、次のコマンドを実行します。

Sysprep /generalize /oobe /shutdown /mode:vm

Sysprepの詳細については、「Sysprep（システム準備）の概要」(http://msdn.microsoft.com/library/windows/hardware/dn938335.aspx) を参照してください。

標準の展開
VDIに必要なRD接続ブローカー、RD Webアクセス、RDセッションホストの役割サービスを個別のサーバーにインストールする展開方法です。必要に応じてVDI用のRDSの役割サービスを各サーバーに柔軟に展開できるため、主に実稼働環境で利用されます。

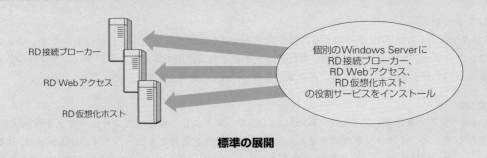

標準の展開

● サーバープール

Windows ServerのVDIの標準の展開は、RD接続ブローカーの役割サービスをインストールするWindows Serverで実行します。異なるサーバーにVDI用のRDSの役割サービスをインストールするには、まず、各サーバーを管理できるようにRD接続ブローカーとなるサーバーのサーバーマネージャーのサーバープールに、管理対象のサーバーをすべて追加する必要があります。

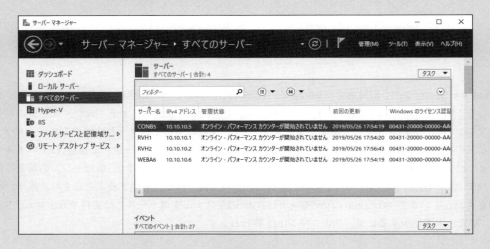

VDIの想定環境

ここでは、この章で以降の手順を実行するために必要となる想定環境を紹介します。ここでは、Windows Server 2019のRDSの各役割サービスを理解しやすいように、5台のコンピューターを使用します。各コンピューターの役割は、次の表のとおりです。

名前	OS	役割/使用目的
DC100	Windows Server 2019 Datacenter	domain.localドメインのドメインコントローラー DNSサーバー DHCPサーバー エンタープライズルートCA
ConB5	Windows Server 2019 Datacenter	メンバーサーバー RD接続ブローカーサーバー
WebA6	Windows Server 2019 Datacenter	メンバーサーバー RD Webアクセスサーバー
RVH1	Windows Server 2019 Datacenter	メンバーサーバー RD仮想化ホストサーバー （クイックスタート展開および標準の展開で使用）
RVH2	Windows Server 2019 Datacenter	メンバーサーバー RD仮想化ホストサーバー （RD仮想化ホストの追加と削除で使用）

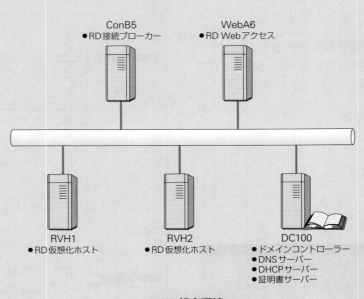

VDIの想定環境

4 VDIのクイックスタート展開を準備するには

Windows Server 2019のリモートデスクトップサービス（RDS）で、仮想マシンベースのデスクトップ（VDI）をクイックスタート展開するには、仮想デスクトップテンプレートを指定する必要があります。ここでは、仮想デスクトップテンプレートを作成するために、Hyper-Vのインストール方法、仮想マシンの作成方法、仮想デスクトップテンプレート用の仮想ハードディスクの作成方法、Hyper-Vの削除方法を紹介します。

仮想デスクトップテンプレートを作成する（Hyper-Vのインストール）

❶ ドメイン管理者として、RD仮想化ホストの役割サービスをインストールするサーバーにサインインする。

❷ サーバーマネージャーで［管理］をクリックし、［役割と機能の追加］をクリックする。
　▶［役割と機能の追加ウィザード］が表示される。

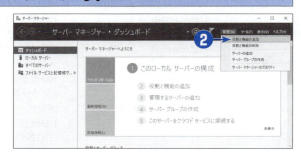

❸ ［開始する前に］ページで、［次へ］をクリックする。

❹ ［インストールの種類の選択］ページで、［役割ベースまたは機能ベースのインストール］が選択されていることを確認する。

❺ ［次へ］をクリックする。

> **ヒント**
>
> **サーバーマネージャーを表示するには**
>
> サーバーマネージャーを表示するには、スタートボタンをクリックし、［サーバーマネージャー］アイコンをクリックします。
>
> **サーバーマネージャーを非表示にするには**
>
> サーバーマネージャーは、［管理］－［サーバーマネージャーのプロパティ］で［ログオン時にサーバーマネージャーを自動的に起動しない］チェックボックスをオンにすると、次回ログオン時から自動的に表示されなくなります。

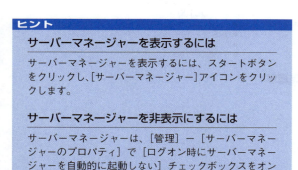

⑥ [対象サーバーの選択］ページで、［サーバープールからサーバーを選択］が選択されていることを確認し、Hyper-Vをインストールするサーバーを選択する。

⑦ [次へ］をクリックする。

⑧ [サーバーの役割の選択］ページで、[Hyper-V]チェックボックスをオンにする。

▶ [Hyper-Vに必要な機能を追加しますか？] というダイアログボックスが表示される。

⑨ [機能の追加］をクリックする。

▶ [サーバーの役割の選択］ページに戻る。

⑩ [次へ］をクリックする。

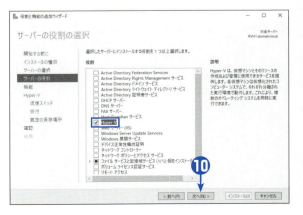

⓫ [機能の選択] ページで、[次へ] をクリックする。

⓬ [Hyper-V] ページで、[次へ] をクリックする。

⓭ [仮想スイッチの作成] ページで、仮想スイッチを作成するネットワークアダプターのチェックボックスをオンにする。

⓮ [次へ] をクリックする。

⓯ [仮想マシンの移行] ページで、[次へ] をクリックする。

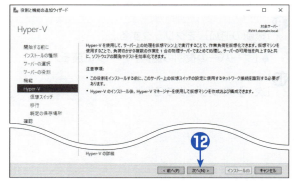

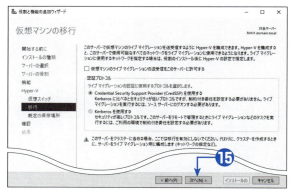

⑯ ［既定の保存場所］ページで、仮想ハードディスクファイルと仮想マシンの構成ファイルの既定の場所を指定する。
● 本書では、次の値を使用する。
　仮想ハードディスクのファイルの既定の場所：
　D:¥VM¥VHD
　仮想マシンの構成ファイルの既定の場所：**D:¥VM**

⑰ ［次へ］をクリックする。

⑱ ［インストールオプションの確認］ページで、［必要に応じて対象サーバーを自動的に再起動する］チェックボックスをオンにする。
▶ 確認のメッセージボックスが表示される。

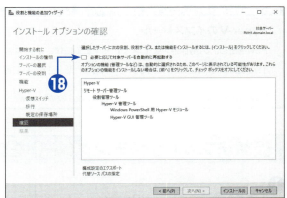

⑲ ［はい］をクリックする。
▶ ［インストールオプションの確認］ページに戻る。

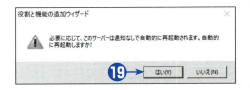

⑳ ［インストール］をクリックする。
▶ ［インストールの進行状況］ページに、インストールの進行状況が表示され、インストールが完了すると自動的に再起動する。

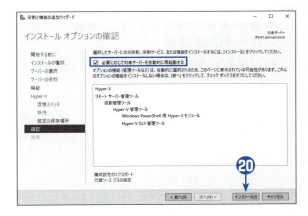

㉑ 再起動後、ドメイン管理者として、RD仮想化ホストの役割サービスをインストールするサーバーにサインインする。

▶ [役割と機能の追加ウィザード] が表示される。

㉒ [インストールの進行状況] ページで、インストールが正常に完了したことを確認し、[閉じる] をクリックする。

PowerShell コマンドレット

Hyper-Vのインストール

PowerShellでHyper-Vをインストールするには、次のコマンドレットを1行で入力し、実行します。

```
Install-WindowsFeature Hyper-V -IncludeManagementTools -Restart
```

PowerShellコマンドレットは、Server CoreのWindows ServerにHyper-Vをインストールする際に役立ちます。

仮想デスクトップテンプレートを作成する（仮想マシンの作成）

❶ ドメイン管理者として、RD仮想化ホストの役割サービスをインストールするサーバーにサインインする。

❷ サーバーマネージャーで [ツール] をクリックし、[Hyper-Vマネージャー] をクリックする。

▶ Hyper-Vマネージャーが表示される。

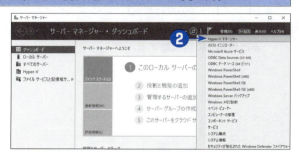

❸ Hyper-Vホストを右クリックし、[新規]、[仮想マシン] の順に選択する。

▶ [仮想マシンの新規作成ウィザード] が表示される。

❹ ［開始する前に］ページで、［次へ］をクリックする。

❺ ［名前と場所の指定］ページで、［名前］ボックスに仮想マシンの名前を入力する。
●本書では、次の値を使用する。
Win10Base

❻ 仮想マシンを既定の場所以外に作成する場合は、［仮想マシンを別の場所に格納する］チェックボックスをオンにし、［場所］ボックスに仮想マシンを作成するフォルダーのパスを入力する。
●本書では、次の値を使用する。
仮想マシンを別の場所に格納する：オン
場所：D:¥VM¥

❼ ［次へ］をクリックする。

❽ ［世代の指定］ページで、仮想マシンの世代を選択する。
●本書では、次の値を使用する。
第2世代

❾ ［次へ］をクリックする。

❿ ［メモリの割り当て］ページで、［起動メモリ］ボックスに仮想マシンで使用するメモリのサイズを指定する。
●本書では、次の値を使用する。
2048（MB）

⓫ ［次へ］をクリックする。

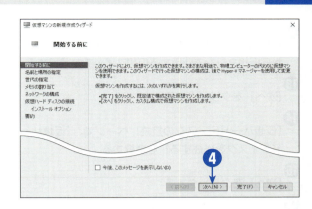

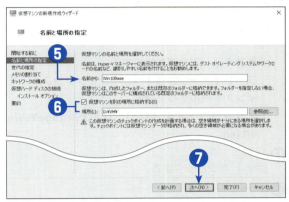

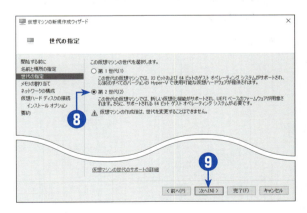

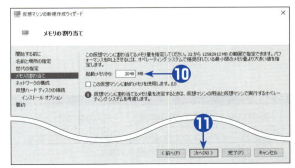

ヒント
仮想マシンの作成場所
仮想マシンの場所を指定して仮想マシンを作成すると、仮想マシン名のフォルダーが作成され、そのフォルダー内に仮想マシン用のファイルがまとめて作成されます。場所を指定しない場合、既定のフォルダー内に仮想マシンが作成されます。

⑫ [ネットワークの構成] ページで、[接続] ボックスから仮想マシンで使用する仮想スイッチを選択する。

⑬ [次へ] をクリックする。

⑭ [仮想ハードディスクの接続] ページで、[仮想ハードディスクを作成する] を選択する。

⑮ [次へ] をクリックする。

⑯ [インストールオプション] ページで、仮想マシンにOSをインストールするためのオプションを指定する。
- 本書では、次の値を使用する。
  ブートイメージからオペレーティングシステムをインストールする：選択
  イメージファイル（.iso）：**D:¥OSImage¥Win10.iso**

⑰ [次へ] をクリックする。

⑱ [仮想マシンの新規作成ウィザードの完了] ページで、[完了] をクリックする。
▶ 仮想マシンが作成される。

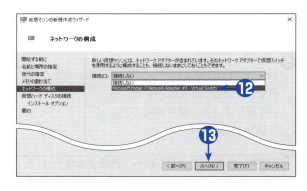

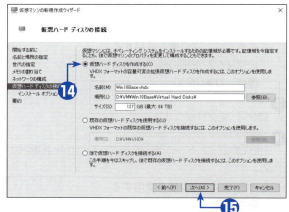

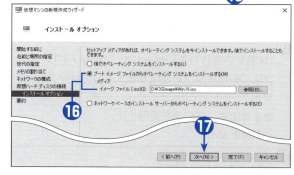

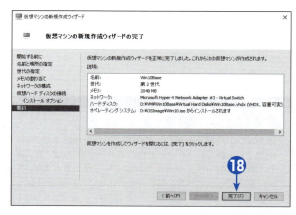

ヒント
[仮想ハードディスクの接続] ページのオプション

[仮想ハードディスクを作成する] を選択すると、容量可変の仮想ハードディスクが作成されます。

PowerShell コマンドレット

仮想マシンの作成

PowerShellで仮想マシンを作成するには、次のコマンドレットを1行で入力し、実行します。

```
New-VM -Name "Win10Base" -MemoryStartupBytes 2GB -NewVHDPath "D:¥VM¥Win10Base¥➡
Virtual Hard Disks¥Win10Base.vhdx" -NewVHDSizeBytes 127GB -Path D:¥VM¥
```

仮想デスクトップテンプレートを作成する（OSのインストールとSysprep）

❶ サーバーマネージャーで［ツール］をクリックし、［Hyper-Vマネージャー］をクリックする。
▶ Hyper-Vマネージャーが表示される。

❷ 管理するHyper-Vホストを選択する。

❸ 仮想マシンを右クリックし、［接続］を選択する。
▶［<Hyper-Vホスト名>上の<仮想マシン名>－仮想マシン接続］ウィンドウが表示される。

❹ ツールバーの［起動］ボタンをクリックする（画面中央の［起動］ボタンをクリックしてもよい）。
▶ 仮想マシンが起動し、ゲストOSのインストールプログラムが開始される。

❺ OSのインストール手順に従って、仮想マシンにゲストOSをインストールする。

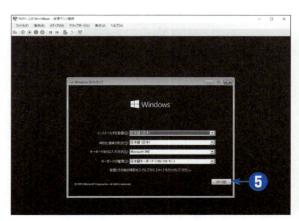

❻ ゲストOSのインストール後、[メディア]、[DVDドライブ]、[<isoファイル名>の取り出し]の順に選択する。

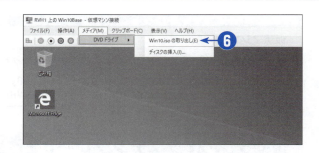

❼ タスクバーの[検索]ボックスに **cmd** と入力し、Enter キーを押す。

▶ [コマンドプロンプト]ウィンドウが表示される。

❽ 次のコマンドを1行で入力して、仮想デスクトップテンプレート用の仮想ハードディスクを作成する。

```
c:¥windows¥system32¥sysprep¥sysprep.exe /generalize /oobe /shutdown /mode:vm
```

▶ 作成が終わると、仮想マシンが自動的にシャットダウンされる。

仮想デスクトップテンプレートを作成する（Hyper-Vの削除）

❶ サーバーマネージャーで[管理]をクリックし、[役割と機能の削除]をクリックする。

▶ [役割と機能の削除ウィザード]が表示される。

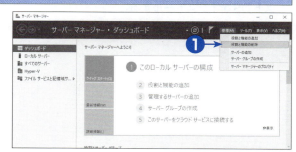

❷ ［開始する前に］ページで、［次へ］をクリックする。

❸ ［対象サーバーの選択］ページで、［サーバープールからサーバーを選択］が選択されていることを確認し、Hyper-Vをアンインストールするサーバーを選択する。

❹ ［次へ］をクリックする。

❺ ［サーバーの役割の削除］ページで、［Hyper-V］チェックボックスをオフにする。

➡ ［Hyper-Vを必要とする機能を削除しますか？］というダイアログボックスが表示される。

❻ ［機能の削除］をクリックする。

➡ ［サーバーの役割の削除］ページに戻る。

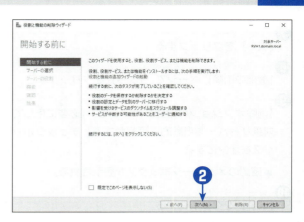

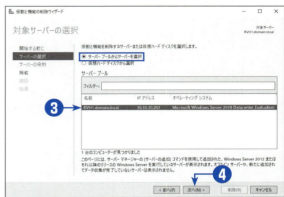

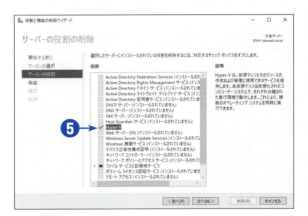

❼ ［次へ］をクリックする。

❽ ［機能の削除］ページで、［次へ］をクリックする。

❾ ［削除オプションの確認］ページで、［必要に応じて対象サーバーを自動的に再起動する］チェックボックスをオンにする。

▶ 確認のメッセージボックスが表示される。

❿ ［はい］をクリックする。

▶ ［削除オプションの確認］ページに戻る。

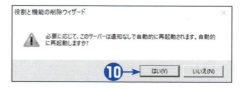

第2章　RDS/VDIのインストールと削除

⓫ [削除] をクリックする。
　▶削除が完了すると、自動的に再起動する。

⓬ 再起動後、ドメイン管理者として、RD仮想化ホストの役割サービスをインストールするサーバーにサインインする。
　▶[役割と機能の削除ウィザード] が表示される。

⓭ [削除の進行状況] ページで、削除が正常に完了したことを確認し、[閉じる] をクリックする。

PowerShell コマンドレット

Hyper-Vの削除

PowerShellでHyper-Vを削除するには、次のコマンドレットを1行で入力し、実行します。

```
Uninstall-WindowsFeature Hyper-V -IncludeManagementTools -Restart
```

VDIのクイックスタート展開用にActive Directoryドメインサービスを設定するには

Windows Server 2019の仮想デスクトップインフラストラクチャ（VDI）のクイックスタート展開では、役割サービスのインストール時に仮想デスクトップテンプレートから仮想デスクトップを作成します。仮想デスクトップの作成時には、RD接続ブローカーサーバーが、既定でActive Directoryドメインサービス（AD DS）のComputersコンテナーに仮想マシンのコンピューターアカウントを作成します。そのため、RD接続ブローカーサーバーには、Computersコンテナーでコンピューターアカウントを管理するアクセス許可が必要になります。ここでは、VDI用にComputersコンテナーのアクセス許可を設定する方法を紹介します。

Computersコンテナーのアクセス許可を設定する

❶ ドメインコントローラーにドメインのAdministratorとしてサインインする。

❷ サーバーマネージャーで［ツール］をクリックし、［Active Directoryユーザーとコンピューター］を選択する。

▶［Active Directoryユーザーとコンピューター］ウィンドウが表示される。

❸ ［表示］メニューをクリックし、［拡張機能］を選択する。

▶［Active Directoryユーザーとコンピューター］ウィンドウで、拡張機能を表示できるようになる。

❹ ドメインのノードを展開し、［Computers］コンテナーを右クリックして［プロパティ］をクリックする。

▶［Computersのプロパティ］ダイアログボックスが表示される。

ヒント
拡張機能の表示
既に拡張機能が有効になっている場合、［表示］メニューの［拡張機能］の左にチェックマークが表示されます。拡張機能が有効なときに再度選択すると、拡張機能が無効になります。

❺ ［セキュリティ］タブをクリックする。

❻ ［詳細設定］をクリックする。
▶ ［Computersのセキュリティの詳細設定］ダイアログボックスが表示される。

❼ ［追加］をクリックする。
▶ ［Computersのアクセス許可エントリ］ダイアログボックスが表示される。

❽ ［プリンシパルの選択］をクリックする。
▶ ［ユーザー、コンピューター、サービスアカウントまたはグループの選択］ダイアログボックスが表示される。

❾ ［オブジェクトの種類］をクリックする。
▶ ［オブジェクトの種類］ダイアログボックスが表示される。

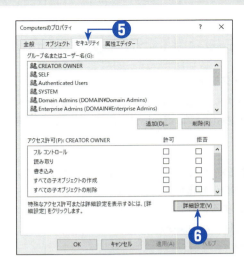

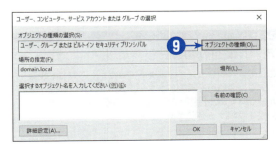

❿ [コンピューター] チェックボックスをオンにする。

⓫ [OK] をクリックする。
➡ [ユーザー、コンピューター、サービスアカウントまたはグループの選択] ダイアログボックスに戻る。

⓬ [選択するオブジェクト名を入力してください] ボックスに、RD仮想化ホストサーバーのコンピューター名を入力する。
● 本書では、次の値を使用する。
RVH1

⓭ [名前の確認] をクリックする。

⓮ [OK] をクリックする。
➡ [Computersのアクセス許可エントリ] ダイアログボックスに戻る。

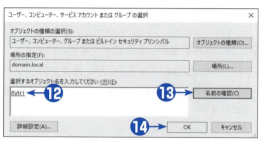

⓯ [種類] ボックスが [許可] になっていることを確認する。

⓰ [適用先] ボックスで、[このオブジェクトとすべての子オブジェクト] が選択されていることを確認する。

⓱ [アクセス許可] セクションで、[コンピューターオブジェクトの作成] チェックボックスをオンにする。

⓲ [OK] をクリックする。
➡ [Computersのセキュリティの詳細設定] ダイアログボックスに戻る。

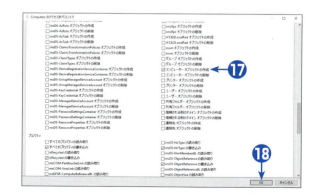

ヒント
アクセス許可の適用先

ここでは、同じコンピューターアカウントに対して複数のアクセス許可を設定しますが、アクセス許可の適用先が異なるため、手順⓲でいったん [OK] をクリックして設定を反映する必要があります。

第2章　RDS/VDIのインストールと削除

⓲
再び［追加］をクリックする。
▶［Computersのアクセス許可エントリ］ダイアログボックスが表示される。

⓳
［プリンシパルの選択］をクリックする。
▶［ユーザー、コンピューター、サービスアカウントまたはグループの選択］ダイアログボックスが表示される。

㉑
［選択するオブジェクト名を入力してください］ボックスに、RD仮想化ホストサーバーのコンピューター名を入力する。
●本書では、次の値を使用する。
　RVH1

㉒
［名前の確認］をクリックする。

㉓
［OK］をクリックする。
▶［Computersのアクセス許可エントリ］ダイアログボックスに戻る。

㉔
［種類］ボックスが［許可］になっていることを確認する。

㉕
［適用先］ボックスで、［子コンピューターオブジェクト］を選択する。

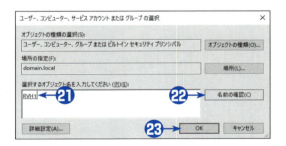

㉖
[アクセス許可] セクションで、[フルコントロール] チェックボックスをオンにする。

㉗
[OK] をクリックする。
▶ [Computersのセキュリティの詳細設定] ダイアログボックスに戻る。

㉘
[OK] をクリックする。
▶ [Computersのプロパティ] ダイアログボックスに戻る。

㉙
[OK] をクリックする。

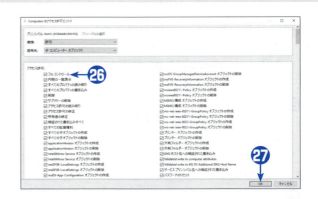

第2章　RDS/VDIのインストールと削除

6 VDIをクイックスタート展開するには

Windows Server 2019のリモートデスクトップサービス（RDS）で、仮想マシンベースのデスクトップ（VDI）の展開には、RD接続ブローカー、RD Webアクセス、RD仮想化ホストの役割サービスを1台のサーバーにインストールするクイックスタート展開と、これらの役割サービスを個別のサーバーにインストールする標準の展開があります。ここでは、クイックスタート展開の手順を紹介します。

VDIをクイックスタート展開する

❶ サーバーマネージャーで［管理］をクリックし、［役割と機能の追加］を選択する。
　▶［役割と機能の追加ウィザード］が表示される。

❷ ［開始する前に］ページで、［次へ］をクリックする。

❸ ［インストールの種類の選択］ページで、［リモートデスクトップサービスのインストール］を選択する。

❹ ［次へ］をクリックする。

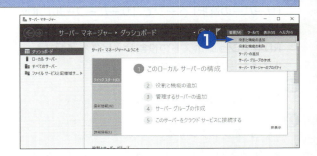

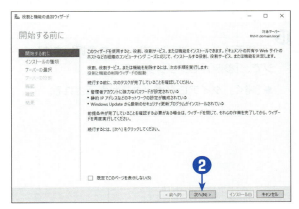

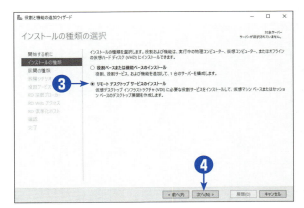

❺ [展開の種類の選択] ページで、[クイックスタート] を選択する。

❻ [次へ] をクリックする。

❼ [展開シナリオの選択] ページで、[仮想マシンベースのデスクトップ展開] を選択する。

❽ [次へ] をクリックする。

❾ [サーバーの選択] ページで、[サーバープール] ボックスからRD接続ブローカー、RD Webアクセス、RDセッションホストの役割サービスをインストールするサーバーを選択する。

❿ 右矢印（▶）をクリックする。

⓫ [次へ] をクリックする。
▶ [選択済み] ボックスに、選択したサーバーが表示される。

⓬ [仮想デスクトップテンプレートを選択します] ページで、[参照] をクリックする。
▶ [開く] ダイアログボックスが表示される。

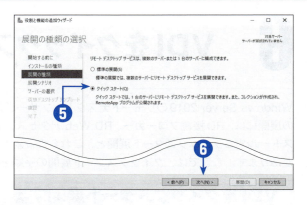

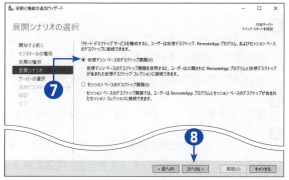

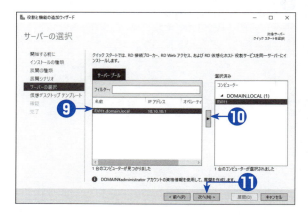

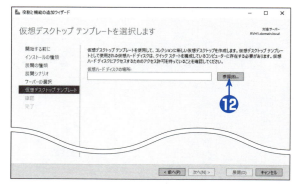

⓭ 仮想デスクトップテンプレートとして使用する仮想ハードディスクファイルを選択する。
● 本書では、次の値を使用する。
  Win10Base.vhdx

⓮ [開く] をクリックする。
▶ [仮想デスクトップテンプレートを選択します] ページに戻る。

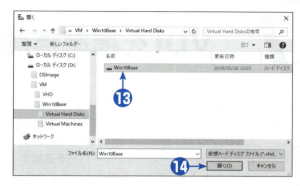

⓯ [次へ] をクリックする。

⓰ [選択内容の確認] ページで、[必要に応じてターゲットサーバーを自動的に再起動する] チェックボックスをオンにする。

⓱ [展開] をクリックする。
▶ リモートデスクトップサービスがインストールされ、サーバーが再起動する。

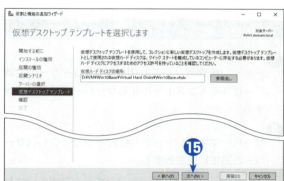

⓲ 再起動後、ドメイン管理者としてサインインする。
▶ [役割と機能の追加ウィザード] が表示される。

⓳ [進行状況の表示] ページで、リモートデスクトップサービスのインストールが成功したことを確認し、[閉じる] をクリックする。

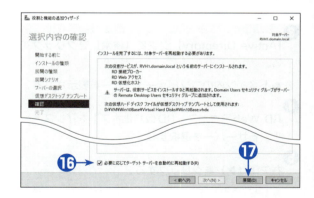

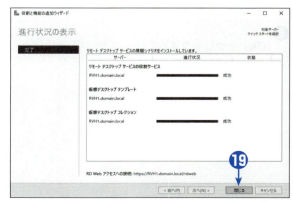

7 VDIを標準展開するには

Windows Server 2019のリモートデスクトップサービス（RDS）で、仮想マシンベースのデスクトップ（VDI）を標準展開するには、まず、RD接続ブローカーの役割サービスをインストールするサーバーのサーバープールに、RD WebアクセスとRD仮想化ホストの役割サービスをインストールするサーバーを追加する必要があります。ここでは、サーバープールにサーバーを追加する手順、標準展開の手順、リモートデスクトップサービスにRDセッションホストを追加する手順を紹介します。

サーバープールにサーバーを追加する

❶ ドメイン管理者として、RD接続ブローカーの役割サービスをインストールするサーバーにサインインする。

❷ サーバーマネージャーで［管理］をクリックし、［サーバーの追加］を選択する。
  ▶［サーバーの追加］ダイアログボックスが表示される。

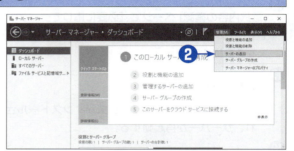

❸ ［Active Directory］タブで［検索］をクリックする。
  ▶ドメイン内のコンピューターが一覧表示される。

❹ RD Webアクセス、RD仮想化ホストをインストールするサーバーを選択する。

❺ 右矢印（▶）をクリックする。
  ▶［選択済み］ボックスに、選択したサーバーが表示される。

❻ ［OK］をクリックする。

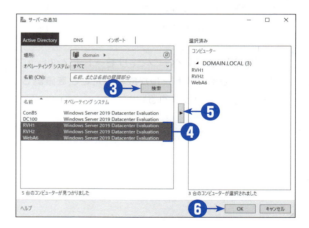

VDIを標準展開する

① RD接続ブローカーサーバーのサーバーマネージャーで［管理］をクリックし、［役割と機能の追加］を選択する。
➡［役割と機能の追加ウィザード］が表示される。

②［開始する前に］ページで、［次へ］をクリックする。

③［インストールの種類の選択］ページで、［リモートデスクトップサービスのインストール］を選択する。

④［次へ］をクリックする。

⑤［展開の種類の選択］ページで、［標準の展開］を選択する。

⑥［次へ］をクリックする。

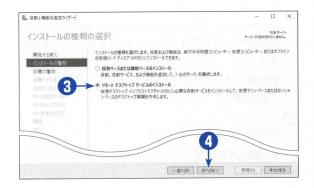

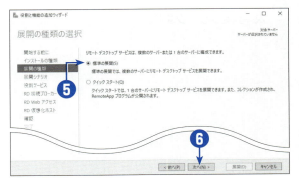

❼
［展開シナリオの選択］ページで、［仮想マシンベースのデスクトップ展開］を選択する。

❽
［次へ］をクリックする。

❾
［役割サービスの確認］ページで、［次へ］をクリックする。

❿
［RD接続ブローカーサーバーの指定］ページで、［サーバープール］ボックスからRD接続ブローカーの役割サービスをインストールするサーバーを選択する。
● 本書では、次の値を使用する。
　　ConB5

⓫
右矢印（▶）をクリックする。
▶［選択済み］ボックスに、選択したサーバーが表示される。

⓬
［次へ］をクリックする。

⓭
［RD Webアクセスサーバーの指定］ページで、［サーバープール］ボックスからRD Webアクセスの役割サービスをインストールするサーバーを選択する。
● 本書では、次の値を使用する。
　　WebA6

⓮
右矢印（▶）をクリックする。
▶［選択済み］ボックスに、選択したサーバーが表示される。

⓯
［次へ］をクリックする。

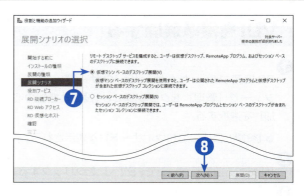

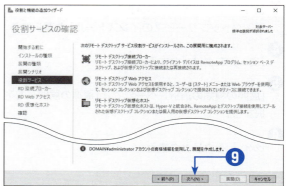

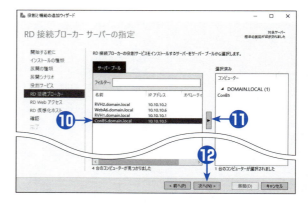

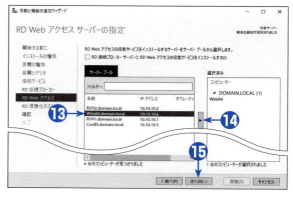

第2章　RDS/VDIのイントールと削除

⓰
[RD仮想化ホストサーバーの指定] ページで、[サーバープール] ボックスからRD仮想化ホストの役割サービスをインストールするサーバーを選択する。
●本書では、次の値を使用する。
　　RVH1

⓱
右矢印（▶）をクリックする。
▶[選択済み] ボックスに、選択したサーバーが表示される。

⓲
[選択したサーバーに新しい仮想スイッチを作成する] チェックボックスをオンにする。

⓳
[次へ] をクリックする。

⓴
[選択内容の確認] ページで、[必要に応じてターゲットサーバーを自動的に再起動する] チェックボックスをオンにする。

㉑
[展開] をクリックする。
▶各サーバーにリモートデスクトップサービスの役割サービスがインストールされ、RD仮想化ホストサーバーが再起動する。

㉒
[進行状況の表示] ページで、リモートデスクトップサービスのインストールが成功したことを確認し、[閉じる] をクリックする。

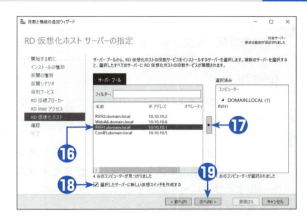

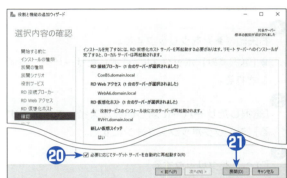

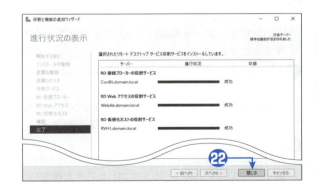

リモートデスクトップサービスにRD仮想化ホストを追加する

❶
RD接続ブローカーサーバーのサーバーマネージャーのナビゲーションペインで、[リモートデスクトップサービス] をクリックする。

❷ ［展開の概要］セクションで［RD仮想化ホスト］を右クリックし、［RD仮想化ホストサーバーの追加］を選択する。
　▶［RD仮想化ホストサーバーの追加］ウィザードが表示される。

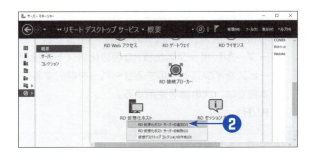

❸ ［サーバーの選択］ページで、［サーバープール］ボックスからRD仮想化ホストの役割サービスをインストールするサーバーを選択する。
　●本書では、次の値を使用する。
　　RVH2

❹ 右矢印（▶）をクリックする。
　▶［選択済み］ボックスに、選択したサーバーが表示される。

❺ ［選択したサーバーに新しい仮想スイッチを作成する］チェックボックスをオンにする。

❻ ［次へ］をクリックする。

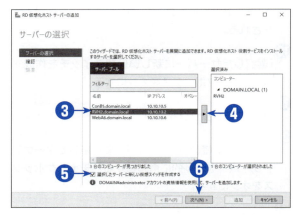

❼ ［選択内容の確認］ページで、［必要に応じてリモートコンピューターを再起動する］チェックボックスをオンにする。

❽ ［追加］をクリックする。
　▶RD仮想化ホストの役割サービスがインストールされ、RD仮想化ホストサーバーが再起動する。

❾ ［進行状況の表示］ページで、RD仮想化ホストの役割サービスのインストールが成功したことを確認し、［閉じる］をクリックする。

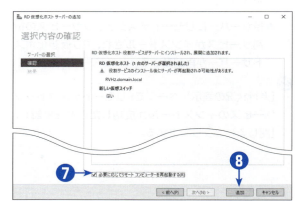

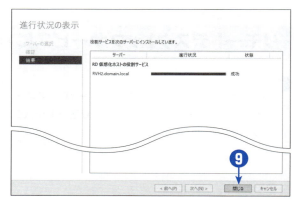

8 RD仮想化ホストサーバーを削除するには

不要になったRD仮想化ホストは、リモートデスクトップサービス（RDS）から削除できます。ここでは、RD仮想化ホストの役割サービスを実行しているサーバーから、その役割サービスを削除する方法を紹介します。

RD仮想化ホストサーバーを削除する

❶ RD接続ブローカーサーバーのサーバーマネージャーのナビゲーションペインで、［リモートデスクトップサービス］をクリックする。

❷ ［展開の概要］セクションで［RD仮想化ホスト］を右クリックし、［RD仮想化ホストサーバーの削除］を選択する。
▶ ［RD仮想化ホストサーバーの削除］ウィザードが表示される。

❸ ［サーバーの選択］ページで、［サーバープール］ボックスからRD仮想化ホストの役割サービスを削除するサーバーを選択する。

❹ 右矢印（▶）をクリックする。
▶ ［選択済み］ボックスに、選択したサーバーが表示される。

❺ ［選択したサーバーからRD仮想化ホストの役割サービスをアンインストールする］チェックボックスをオンにする。

❻ ［次へ］をクリックする。

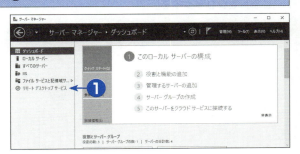

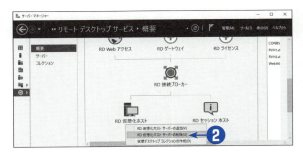

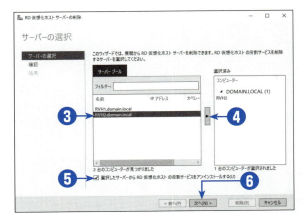

❼ ［選択内容の確認］ページで、［削除］をクリックする。
　▶ RD仮想化ホストの役割サービスがアンインストールされ、サーバーが再起動する。

❽ ［進行状況の表示］ページで、RDセッションホストの役割サービスの削除が成功したことを確認し、［閉じる］をクリックする。

RDS/VDIの構成　第 3 章

1 RDS/VDIの証明書を構成するには

2 ユーザープロファイルディスク用の共有を構成するには

3 RDS/VDIのシングルサインオンを有効にするには

4 セッションコレクションを作成するには

5 セッションコレクションを構成するには

6 RemoteAppプログラムを公開するには

7 RemoteAppプログラムを構成するには

8 RemoteAppプログラムを非公開にするには

9 VDIの標準展開用にActive Directoryドメインサービスの
OUを設定するには

10 仮想デスクトップコレクションの準備用に
仮想デスクトップテンプレートを作成するには

11 仮想デスクトップコレクションの展開プロパティを
構成するには

12 管理された仮想デスクトップコレクションを作成するには

13 管理されていない仮想デスクトップを作成するには

14 管理されていない仮想デスクトップコレクションを
作成するには

15 仮想デスクトップコレクションのプロパティを構成するには

16 仮想デスクトップを管理するには

17 仮想デスクトップコレクションを削除するには

18 仮想デスクトップコレクションがある環境で
RD仮想化ホストサーバーを削除するには

この章では、RDSおよびVDIを準備するために、Active Directoryドメインサービス（AD DS）、証明書、ユーザープロファイルディスク、仮想ディスクテンプレートの構成方法を紹介します。また、コレクションの作成および管理や、RemoteAppプログラムの公開方法も紹介します。

異なるコンピューターでの同じ環境の使用

RDSのユーザーをサポートするには、ユーザープロファイルデータをどのように処理するかを考慮する必要があります。特に、ユーザーのどのデータをどこに格納するかを考慮しなければなりません。Windows Server 2008 R2までのRDSでは、移動ユーザープロファイルとフォルダーリダイレクトを使用してユーザーデータを保存していました。ただし、移動ユーザープロファイルやフォルダーリダイレクトは、実装が複雑なため問題発生時の問題の切り分けを困難にする要因の1つでした。

ローカルユーザープロファイル

デスクトップ環境の設定や［ドキュメント］フォルダーの場所などは、各ユーザーのユーザープロファイルに定義されています。通常、ユーザープロファイルはユーザーのローカルコンピューターに格納されています。RDS環境では、ユーザープロファイルが各RDセッションホストサーバー上に格納されます。そのため、ユーザーが別のRDセッションホストサーバーにログオンすると、別のデスクトップ環境が表示されることになります。このように、ローカルコンピューターに格納されるユーザープロファイルのことを、「ローカルユーザープロファイル」と呼びます。

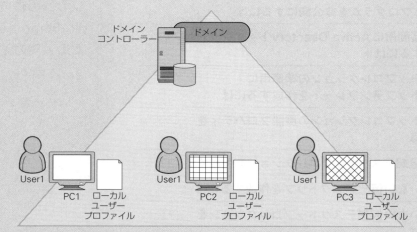

ローカルユーザープロファイルは、各ローカルコンピューターに格納されているユーザープロファイルなので、コンピューターごとにユーザーのデスクトップ環境が異なる

ローカルユーザープロファイル

移動ユーザープロファイル

Active Directoryドメインサービス（AD DS）では、「移動ユーザープロファイル」を使ってユーザープロファイルを一元管理できます。移動ユーザープロファイルを使うと、ユーザーはネットワーク上のどのコンピューターにログオンしても、同じデスクトップ環境を使えるようになります。

移動ユーザープロファイルを使用しているユーザーがネットワーク上のコンピューターにログオンしたときには、デスクトップ環境、［ドキュメント］フォルダー内のファイルなどのプロファイル情報がサーバーからローカルコンピューターにコピーされます。また、ユーザーがログオフすると、ユーザープロファイルがサーバーにコピーされ、常に最新の状態のユーザープロファイルが格納されます。

なお、移動ユーザープロファイルは、移動ユーザープロファイルを使用するように設定した後、対象のユーザーが最初にログオンしたときに作成されます。また、移動ユーザープロファイルの設定は、ユーザーがログオフしたときにサーバーにコピーされます。

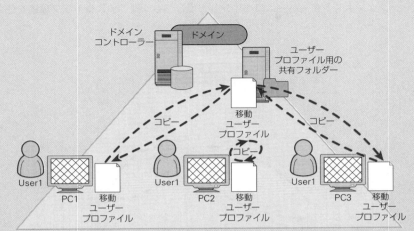

移動ユーザープロファイル

RDSでのユーザープロファイル

セッションベースのRDSの既定では、各RDセッションホストサーバーにユーザープロファイルが格納されます。そのため、ユーザーが異なるRDセッションホストサーバーにログオンすると、異なるデスクトップ環境が表示されます。

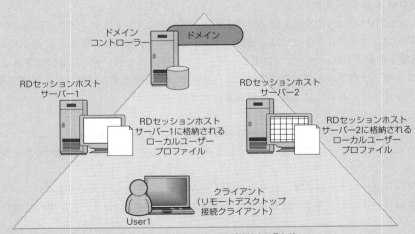

RDセッションホストサーバーごとのローカルユーザープロファイル

RDSでの移動ユーザープロファイル

RDS環境では、AD DSの「移動ユーザープロファイル」を使用して、RDセッションホストサーバーにログオンするユーザーのユーザープロファイルを一元管理できます。移動ユーザープロファイルを使用すると、ユーザーがどのRDセッションホストサーバーにログオンした場合でも、同じデスクトップ環境を使えるようになります。

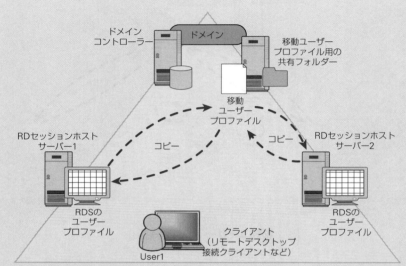

RDSでの移動ユーザープロファイル

ユーザープロファイルディスク

Windows Server 2012以降のRDSおよびVDIでは、ユーザープロファイルディスクを利用できるようになりました。ユーザープロファイルディスクは、仮想ハードディスク（VHD）ファイル形式で、ネットワーク上のSMB共有に配置できます。ユーザープロファイルディスクには、ユーザーデータを格納できるため、アプリケーションがユーザープロファイル以外の場所にユーザーデータを保存する問題などを解決できます。
ユーザープロファイルディスクには、次の特徴があります。

- ユーザープロファイルディスクには、移動ユーザープロファイルを格納できる。
- ユーザープロファイルディスクには、すべてのユーザーデータを格納したり、特定のフォルダーを格納したりできる。
- ユーザープロファイルディスクは、ユーザーにローカルディスクとして表示される。
- ユーザープロファイルディスクの共有アクセス許可は、セッションコレクション用の共有で自動的に設定される。
- ユーザープロファイルに格納されるデータ量を少なくするには、ユーザープロファイルディスクとフォルダーリダイレクションを組み合わせて使用する。

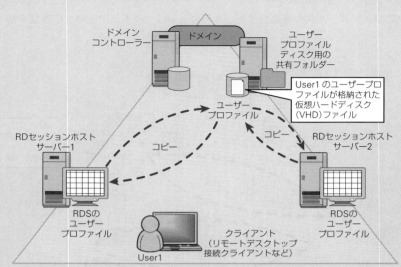

ユーザープロファイルディスク

ユーザープロファイルディスクを使用する場合は、コレクションを作成する前に、ユーザープロファイルディスク用の共有を作成します。また、ユーザープロファイルディスク用の共有は、コレクションごとに作成する必要があります。なお、ユーザーが接続するRDセッションホストサーバーやRD仮想化ホストサーバーはVHDファイルの作成や更新を実行する必要があるため、コレクション内のすべてのRDセッションホストサーバーやRD仮想化ホストサーバーには、ユーザープロファイルディスク用の共有フォルダーに対するフルコントロールのアクセス許可が必要になります。

フォルダーリダイレクト

移動ユーザープロファイルやユーザープロファイルディスクを使用している場合、どのRDセッションホストサーバーやRD仮想化ホストサーバーでも同じデスクトップ環境を利用できます。しかし、移動ユーザープロファイルやユーザープロファイルディスクを使用する場合には注意が必要です。たとえば、［ドキュメント］フォルダーに10GBのファイルがあることを考えてみてください。ユーザープロファイルには、［ドキュメント］フォルダーも含まれるため、ログオンおよびログオフするたびに10GBのファイルがコピーされることになります。この場合、ネットワークに高い負荷がかかり、ネットワーク環境全体のパフォーマンスが低下します。

そこで、移動ユーザープロファイルやユーザープロファイルディスクを設定するときには、「フォルダーリダイレクト」と組み合わせて設定します。フォルダーリダイレクトとは、特殊なフォルダーをネットワーク上の共有フォルダーにリダイレクトする機能です。特殊なフォルダーとは、ユーザープロファイル内にある［ドキュメント］フォルダーや［スタートメニュー］フォルダーのことです。移動ユーザープロファイルやユーザープロファイルディスクをフォルダーリダイレクトと組み合わせて使うことにより、ユーザープロファイルの一部のフォルダーは、RDセッションホストサーバーやRD仮想化ホストサーバーへのログオン/ログオフ時にコピーされる代わりに、共有フォルダーをポイントするようになります。これにより、移動ユーザープロファイ

ルやユーザープロファイルディスクを設定したときのネットワークトラフィックの増加を防ぐことができます。

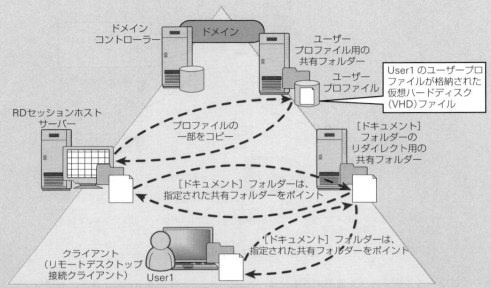

フォルダーリダイレクトにより、ユーザーがローカルコンピューターを使用しても、どのRDセッションホストサーバーにログオンしても、同じ［ドキュメント］フォルダーを使用できる。

フォルダーリダイレクト

特に［ドキュメント］フォルダーには、多くのユーザーデータが保存される可能性があります。そのため、［ドキュメント］フォルダーのリダイレクトには、十分な空きディスク容量のある、移動ユーザープロファイルやユーザープロファイルディスク共有とは別のサーバーを使うことをお勧めします。

フォルダーリダイレクトを使用すると、ユーザーがローカルコンピューターを使用しても、どのRDセッションホストサーバーやRD仮想化ホストサーバーへログオンしても、同じ［ドキュメント］フォルダーを使用できるようになります。そのため、RDセッションホストサーバーやRD仮想化ホストサーバーにリモートデスクトップ接続している場合でも、あるいはローカルコンピューターで作業している場合でも、簡単に自分のファイルを見つけられるようになります。たとえば、Office製品などのアプリケーションでは、既定でユーザーの［ドキュメント］フォルダーにファイルの保存を試みます。RDセッションホストサーバーやRD仮想化ホストサーバーのRemoteAppプログラムとローカルコンピューターのアプリケーションのどちらで作業しても同じ［ドキュメント］フォルダーにアクセスできるため、ユーザーの作業効率が向上します。

RDS/VDIの証明書を構成するには

Windows ServerのRDSやVDIでは、証明書を使用してサーバー認証、シングルサインオン、接続の保護を行います。ここでは、Active Directory証明書サービスから証明書を取得する方法と、リモートデスクトップサービスで証明書を構成する方法を紹介します。

証明書を取得してエクスポートする

❶ RD接続ブローカーサーバーにドメインのAdministratorとしてサインインする。

❷ スタートボタンを右クリックし、[ファイル名を指定して実行] を選択する。
- ▶ [ファイル名を指定して実行] ダイアログボックスが表示される。

❸ [名前] ボックスに **certlm.msc** と入力し、Enterキーを押す。
- ▶ Microsoft管理コンソール（MMC）に [証明書] スナップインが表示される。

❹ [個人] を右クリックし、[すべてのタスク]、[新しい証明書の要求] の順に選択する。
- ▶ [証明書の登録] ウィザードが表示される。

❺ [開始する前に] ページで、[次へ] をクリックする。

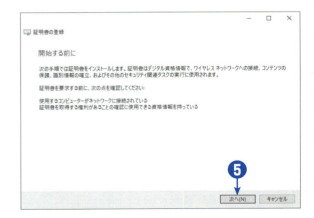

❻ [証明書の登録ポリシーの選択] ページで、[Active Directory登録ポリシー] が選択されていることを確認し、[次へ] をクリックする。

❼ [証明書の要求] ページで、[コンピューター] チェックボックスをオンにする。

❽ [詳細] の▼をクリックする。

❾ [プロパティ] をクリックする。
　▶ [証明書のプロパティ]ダイアログボックスが表示される。

❿ [秘密キー] タブをクリックする。

⓫ [キーのオプション] の▼をクリックする。

⓬ [秘密キーをエクスポート可能にする] チェックボックスをオンにする。

⓭ [OK] をクリックする。
　▶ [証明書の要求] ページに戻る。

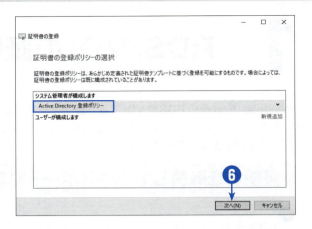

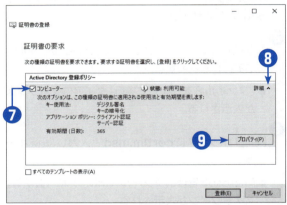

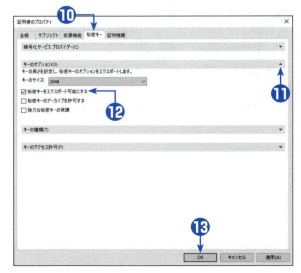

⑭
［登録］をクリックする。

▶ コンピューター証明書が取得される。

⑮
［証明書インストールの結果］ページで、［完了］をクリックする。

⑯
MMCのコンソールツリーで［個人］を展開し、［証明書］をクリックする。

▶ 取得したコンピューター証明書が表示される。

⑰
証明書を右クリックし、［すべてのタスク］、［エクスポート］の順に選択する。

▶ ［証明書のエクスポートウィザード］が表示される。

⑱
［証明書のエクスポートウィザードの開始］ページで、［次へ］をクリックする。

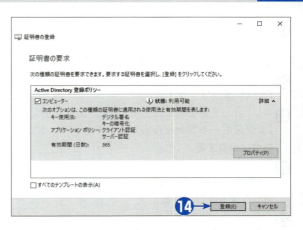

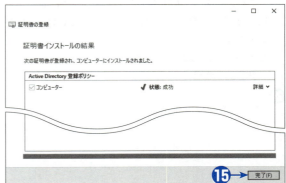

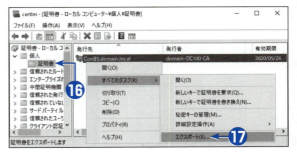

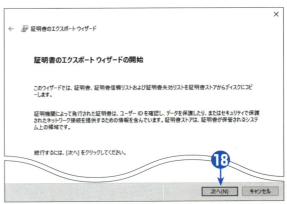

⑲ [秘密キーのエクスポート] ページで、[はい、秘密キーをエクスポートします] を選択する。

⑳ [次へ] をクリックする。

㉑ [エクスポートファイルの形式] ページで、[次へ] をクリックする。

㉒ [セキュリティ] ページで、[パスワード] チェックボックスをオンにする。

㉓ [パスワード] および [パスワードの確認] ボックスに、秘密キーを構成する際に使用するパスワードを入力する。
　●本書では、次の値を使用する。
　　P@ssw0rd

㉔ [次へ] をクリックする。

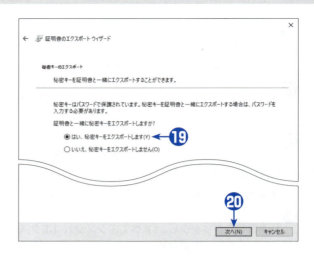

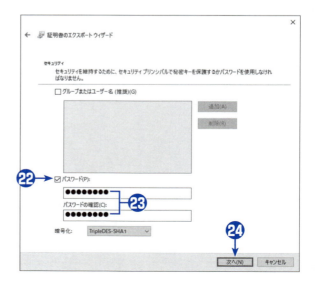

㉕ [エクスポートするファイル]ページで、[ファイル名]ボックスにエクスポートするファイルの名前を入力する。
● 本書では、次の値を使用する。
   C:¥conb5cer.pfx

㉖ [次へ]をクリックする。

㉗ [証明書のエクスポートウィザードの完了]ページで、[完了]をクリックする。
▶「正しくエクスポートされました。」というメッセージボックスが表示される。

㉘ [OK]をクリックする。
▶ メッセージボックスが閉じる。

㉙ RD Webアクセスサーバーで、手順❶～㉘を繰り返し、RD Webアクセスサーバー用の証明書を取得およびエクスポートする。
● エクスポートするときのファイル名は、次の値を使用する。
   weba6cer.pfx

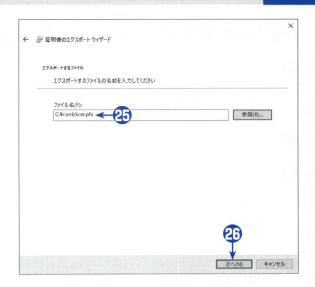

リモートデスクトップサービスの証明書を構成する

❶
RD接続ブローカーサーバーのサーバーマネージャーで、[リモートデスクトップサービス] をクリックする。

❷
[コレクション] をクリックする。

❸
[コレクション] セクションで [タスク] をクリックし、[展開プロパティの編集] を選択する。
▶ [展開プロパティ] ダイアログボックスが表示される。

❹
[証明書] をクリックする。

❺
[役割サービス] 列で [RD 接続ブローカー - シングルサインオンを有効にする] を選択する。

❻
[既存の証明書の選択] をクリックする。
▶ [既存の証明書の選択] ダイアログボックスが表示される。

❼
[参照] をクリックする。
▶ [開く] ダイアログボックスが表示される。

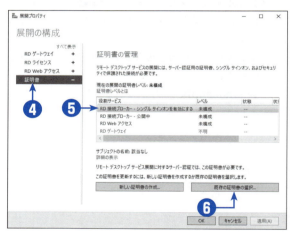

ヒント

サーバーマネージャーを表示するには

サーバーマネージャーを表示するには、スタートボタンをクリックし、[サーバーマネージャー]アイコンをクリックします。

サーバーマネージャーを非表示にするには

サーバーマネージャーは、[管理]−[サーバーマネージャーのプロパティ]で[ログオン時にサーバーマネージャーを自動的に起動しない]チェックボックスをオンにすると、次回ログオン時から自動的に表示されなくなります。

第3章　RDS/VDIの構成

❽ RD接続ブローカー用の証明書を選択する。

❾ ［開く］をクリックする。
➡ ［既存の証明書の選択］ダイアログボックスに戻る。

❿ ［パスワード］ボックスに、証明書エクスポート時に指定したパスワードを入力する。

⓫ ［接続先コンピューターの信頼されたルート証明機関の証明書ストアに証明書を追加することを許可します］チェックボックスをオンにする。

⓬ ［OK］をクリックする。
➡ ［展開プロパティ］ダイアログボックスに戻る。

⓭ ［適用］をクリックする。
➡ 役割サービスに証明書が適用され、［レベル］列の表示が［未構成］から［信頼済み］に変わる。

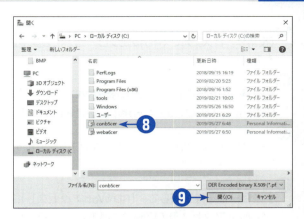

⓮
[役割サービス] 列で [RD 接続ブローカー - 公開中] を選択する。

⓯
手順❻〜⓭を繰り返して、[RD 接続ブローカー - 公開中] にRD 接続ブローカー用の証明書を適用する。

⓰
[役割サービス] 列で [RD Web アクセス] を選択する。

⓱
手順❻〜⓭を繰り返して、[RD Web アクセス] に RD Web アクセス用の証明書を適用する。[既存の証明書の選択] ダイアログボックスではRD Web アクセス用の証明書を選択する。

⓲
[OK] をクリックする。

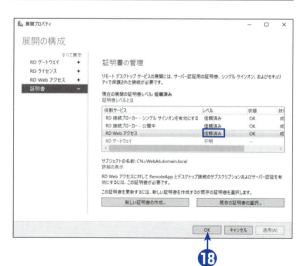

2 ユーザープロファイルディスク用の共有を構成するには

Windows ServerのRDSや、VDIのプールされた仮想デスクトップでは、ユーザープロファイルディスクを使用して、ユーザーデータやアプリケーションデータを仮想ハードディスク（VHD）ファイルに格納できます。ユーザープロファイルディスクは、単一のVHDファイルとしてSMB共有フォルダーに格納できます。ここでは、ユーザープロファイルディスクを使用できるように共有フォルダーを作成する方法を紹介します。

ユーザープロファイルディスク用の共有を構成する

❶ ユーザープロファイルディスク用の共有を作成するサーバーにサインインする。
● 本書では、次のサーバーにユーザープロファイルディスク用の共有を作成する。
DC100

❷ サーバーマネージャーで、［ファイルサービスと記憶域］をクリックする。

❸ ［共有］をクリックする。

❹ ［共有］セクションで［タスク］をクリックし、［新しい共有］を選択する。
▶ ［新しい共有ウィザード］が表示される。

❺ ［この共有のプロファイルを選択］ページで、［ファイル共有プロファイル］ボックスから［SMB共有 - 簡易］を選択する。

❻ ［次へ］をクリックする。

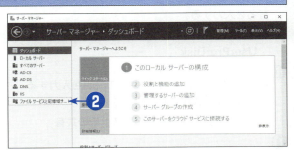

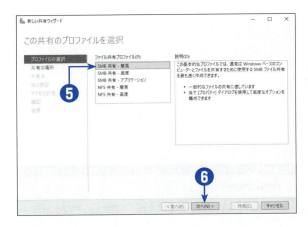

❼ [この共有のサーバーとパスの選択] ページで、[ボリュームで選択] が選択されていることを確認し、共有を作成するボリュームを選択する。
● 本書では、次のボリュームにユーザープロファイルディスク用の共有を作成する。
　　D:

❽ [次へ] をクリックする。

❾ [共有名の指定] ページで、[共有名] ボックスに共有名を入力する。
● 本書では、次の値を使用する。
　　UserProfDisk

❿ [共有の説明] ボックスに共有の説明を入力する。
● 本書では、次の値を使用する。
　　ユーザープロファイルディスク用の共有

⓫ [次へ] をクリックする。

⓬ [共有設定の構成] ページで、[次へ] をクリックする。

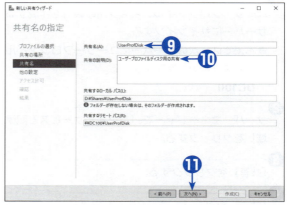

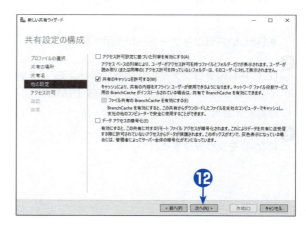

ヒント
共有の場所

[ボリュームで選択] を選択すると、選択したボリューム内にShares というフォルダーが作成され、そのフォルダー内に共有フォルダーが作成されます。[カスタムパスを入力してください] を選択すると、任意のフォルダーを指定することもできます。

⓭
[アクセスを制御するアクセス許可の指定] ページで、[アクセス許可をカスタマイズする] をクリックする。

▶ [<共有名>のセキュリティの詳細設定] ダイアログボックスが表示される。

⓮
[アクセス許可] タブで [追加] をクリックする。

▶ [<共有名>のアクセス許可エントリ] ダイアログボックスが表示される。

⓯
[プリンシパルの選択] をクリックする。

▶ [ユーザー、コンピューター、サービスアカウントまたはグループの選択] ダイアログボックスが表示される。

⓰
[オブジェクトの種類] をクリックする。

▶ [オブジェクトの種類] ダイアログボックスが表示される。

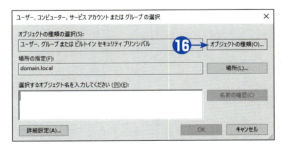

❶ [コンピューター] チェックボックスをオンにする。

❶ [OK] をクリックする。
  ▶ [ユーザー、コンピューター、サービスアカウントまたはグループの選択] ダイアログボックスに戻る。

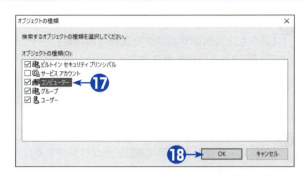

❶ [選択するオブジェクト名を入力してください] ボックスに、RD セッションホストのコンピューター名を入力する。
  ● 本書では、次の値を使用する。
    RVH1

❷ [名前の確認] をクリックする。

❷ [OK] をクリックする。
  ▶ [<共有名>のアクセス許可エントリ] ダイアログボックスに戻る。

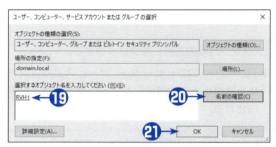

❷ [基本のアクセス許可] セクションで、[フルコントロール] チェックボックスをオンにする。

❷ [OK] をクリックする。

❷ 手順❶～❷を繰り返し、すべての RD セッションホストや仮想化ホストに、フルコントロールのアクセス許可を与える。

❷ [<共有名>のセキュリティの詳細設定] ダイアログボックスで、[OK] をクリックする。
  ▶ [アクセスを制御するアクセス許可の指定] ページに戻る。

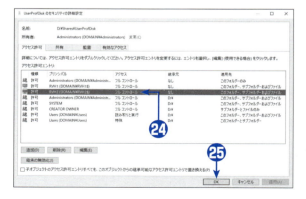

㉖
［次へ］をクリックする。

㉗
［選択内容の確認］ページで、［作成］をクリックする。

➡共有が作成される。

㉘
［結果の表示］ページで、［閉じる］をクリックする。

3 RDS/VDIのシングルサインオンを有効にするには

ここでは、クライアントコンピューターからRDセッションホストサーバーやRD仮想化ホストサーバーへの接続でシングルサインオン（SSO）を使用できるようにするための設定を紹介します。

SSO用に既定の資格情報の使用を許可する

❶ ドメインコントローラーにドメインのAdministratorとしてサインインする。

❷ サーバーマネージャーで［ツール］をクリックし、［グループポリシーの管理］を選択する。
　▶［グループポリシーの管理］ウィンドウが表示される。

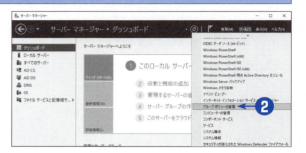

❸ ［フォレスト］、［ドメイン］、［＜ドメイン名＞］の順に展開する。

❹ 仮想デスクトップにアクセスするクライアントコンピューターオブジェクトのあるOUを右クリックし、［このドメインにGPOを作成し、このコンテナーにリンクする］を選択する。
　●本書では、次の組織単位（OU）を使用する。
　　ClientPC
　▶［新しいGPO］ダイアログボックスが表示される。

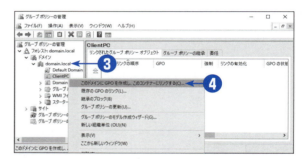

❺ ［名前］ボックスにグループポリシーオブジェクト（GPO）の名前を入力する。
　●本書では、次の名前を使用する。
　　RDSSSO

❻ ［OK］をクリックする。
　▶［グループポリシーの管理］ウィンドウに戻る。

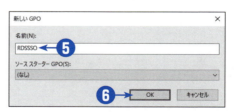

❼ 作成したGPOのあるOUを展開する。

❽ 作成したGPOを右クリックし、［編集］を選択する。
　▶グループポリシー管理エディターが表示される。

❾ ［コンピューターの構成］、［ポリシー］、［管理用テンプレート］、［システム］、［資格情報の委任］の順に展開する。

❿ ［既定の資格情報の委任を許可する］を右クリックし、［編集］を選択する。
➡ ［既定の資格情報の委任を許可する］ダイアログボックスが表示される。

⓫ ［有効］を選択する。

⓬ ［オプション］セクションで、［表示］をクリックする。
➡ ［表示するコンテンツ］ダイアログボックスが表示される。

⓭ ［値］ボックスに、**termsrv/*** と入力する。

⓮ ［OK］をクリックする。
➡ ［既定の資格情報の委任を許可する］ダイアログボックスに戻る。

⓯ ［OK］をクリックする。

⓰ グループポリシー管理エディターを閉じる。

⓱ ［グループポリシーの管理］ウィンドウを閉じる。

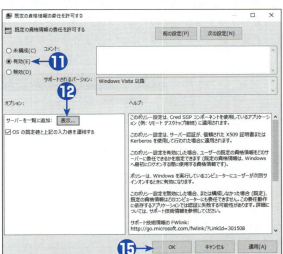

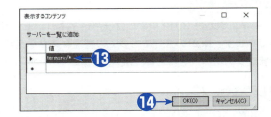

ヒント

［既定の資格情報の委任を許可する］ポリシー設定の値

リモートデスクトップサービスの認証を委任する場合、［既定の資格情報の委任を許可する］ポリシー設定の値として、最初に **termsrv/** を指定し、その後にRDセッションホストやRD仮想化ホストのサービスプリンシパル名（SPN）を指定します。この値には、ワイルドカード（*）も使用できます。

RDSの管理

Windows Server 2012以降のリモートデスクトップサービス（RDS）は、以前のRDSと比較して管理が簡単になりました。Windows Server 2008 R2までのRDS（Windows Server 2008以前はターミナルサービス）では、新しい機能が追加されるたびに新しいツールが追加されてきました。そのため、複数の管理ツールを使いこなす必要があり、構成や管理が複雑になってきました。

Windows Server 2012以降のRDSでは、シナリオに基づいてすべての関連するサービスを一元管理できるようになりました。そのため、RDSの各サーバーで管理作業を行うのではなく、RDS環境の管理作業のほとんどは、統一された管理インターフェイスを使用して集中管理できます。

RDSの管理ツール

Windows Server 2012以降のサーバーマネージャーでは、サーバープールに追加された複数のサーバーを管理できます。RDSの管理でも多くの管理タスクを実行するためにサーバーマネージャーを使用します。RDSの管理タスクのほとんどは、RD接続ブローカーサーバーで実行します。

コレクション

Windows Server 2012以降のRDSでは、環境に「コレクション」を作成する必要があります。セッションベースのRDSでは「セッションコレクション」を作成します。コレクションとは、RDセッションホストサーバーを論理的なグループとしてまとめたものです。そのため、コレクションを作成および構成するだけで、複数のRDセッションホストサーバーの設定を一元管理できるようになります。

4 セッションコレクションを作成するには

RDSを管理し、ユーザーにRemoteAppプログラムを展開するには、RDセッションホストサーバーをセッションコレクションとしてグループ化する必要があります。ここでは、セッションコレクションの作成方法、セッションコレクションへのRDセッションホストサーバーの追加および削除方法を紹介します。

セッションコレクションを作成する

❶ RD接続ブローカーサーバーのサーバーマネージャーで、[リモートデスクトップサービス] をクリックする。

❷ [コレクション] をクリックする。

❸ [コレクション] セクションで [タスク] をクリックし、[セッションコレクションの作成] を選択する。
　▶ [コレクションの作成] ウィザードが表示される。

❹ [開始する前に] ページで、[次へ] をクリックする。

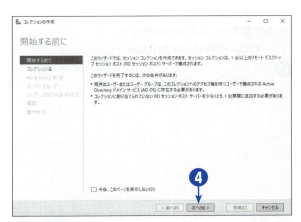

❺ [コレクション名の指定] ページで、[名前] ボックスにコレクション名を入力する。
● 本書では、次の値を使用する。
　RDSコレクション1

❻ [次へ] をクリックする。

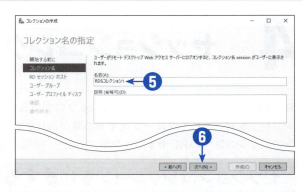

❼ [RDセッションホストサーバーの指定] ページで、[サーバープール] ボックスからコレクションに含めるRDセッションホストサーバーを選択する。

❽ 右矢印（▶）をクリックする。
▶ [選択済み] ボックスに、選択したサーバーが表示される。

❾ [次へ] をクリックする。

❿ [ユーザーグループの指定] ページで、[次へ] をクリックする。

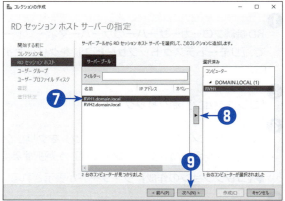

⓫ [ユーザープロファイルディスクの指定] ページで、[ユーザープロファイルディスクを有効にする]チェックボックスをオンにする。

⓬ [ユーザープロファイルディスクの場所] ボックスに、ユーザープロファイルディスク用の共有フォルダーを指定する。
● 本書では、次の値を使用する。
　¥¥DC100¥UserProfDisk

⓭ [次へ] をクリックする。

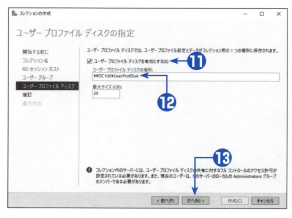

ヒント

ユーザーグループの指定

[ユーザーグループの指定] ページでは、セッションコレクションへのアクセスを許可するユーザーやグループを追加できます。

第3章　RDS/VDIの構成　89

⑭
[選択内容の確認] ページで、[作成] をクリックする。

▶ セッションコレクションが作成される。

⑮
[進行状況の表示] ページで、[閉じる] をクリックする。

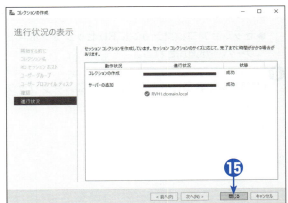

セッションコレクションへRDセッションホストサーバーを追加する

❶
RD接続ブローカーサーバーのサーバーマネージャーで、[リモートデスクトップサービス] をクリックする。

❷
セッションコレクション名をクリックする。

❸
[ホストサーバー] セクションで、[タスク] をクリックし、[RDセッションホストサーバーの追加] を選択する。

▶ [サーバーをコレクションに追加]ウィザードが表示される。

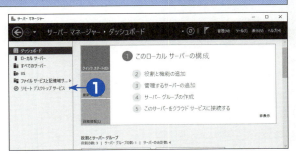

④ [RDセッションホストサーバーの指定] ページで、[サーバープール] ボックスからコレクションに含めるRDセッションホストサーバーを選択する。

⑤ 右矢印（▶）をクリックする。
- [選択済み] ボックスに、選択したサーバーが表示される。

⑥ [次へ] をクリックする。

⑦ [選択内容の確認] ページで、[追加] をクリックする。
- セッションコレクションにRDセッションホストサーバーが追加される。

⑧ [進行状況の表示] ページで、[閉じる] をクリックする。

セッションコレクションからRDセッションホストサーバーを削除する

❶ RD接続ブローカーサーバーのサーバーマネージャーで、[リモートデスクトップサービス]をクリックする。

❷ セッションコレクション名をクリックする。

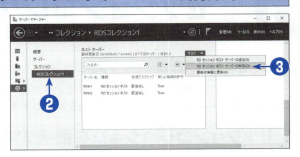

❸ [ホストサーバー]セクションで、[タスク]をクリックし、[RDセッションホストサーバーの削除]を選択する。
　▶ [コレクションからサーバーを削除]ウィザードが表示される。

❹ [RDセッションホストサーバーの削除]ページで、[サーバープール]ボックスからコレクションから削除するRDセッションホストサーバーを選択する。

❺ 右矢印(▶)をクリックする。
　▶ [選択済み]ボックスに、選択したサーバーが表示される。

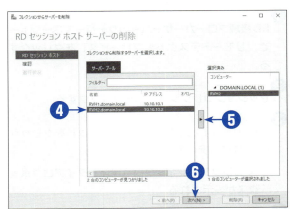

❻ [次へ]をクリックする。

❼ [選択内容の確認]ページで、[削除]をクリックする。
　▶ セッションコレクションからRDセッションホストサーバーが削除される。

❽ [進行状況の表示]ページで、[閉じる]をクリックする。

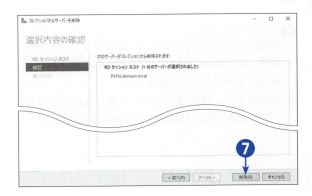

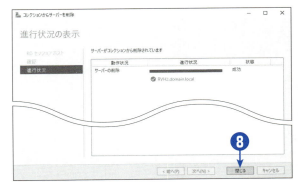

セッションコレクションを構成するには

RDSを管理するには、環境をセッションコレクションとしてグループ化する必要があります。その後、セッションコレクションを構成することで、RDセッションホストサーバーへのユーザーアクセスを制御できます。ここでは、セッションコレクションの構成方法を紹介します。

セッションコレクションを構成する

❶ RD接続ブローカーサーバーのサーバーマネージャーで、[リモートデスクトップサービス]をクリックする。

❷ セッションコレクション名をクリックする。

❸ [プロパティ]セクションで、[タスク]をクリックし、[プロパティの編集]を選択する。
　▶ [<コレクション名>プロパティ]ダイアログボックスが表示される。

❹ [全般]をクリックする。

❺ [全般]ページで、セッションコレクションの名前、説明、RD Webアクセスにセッションコレクションを表示するかどうかを指定する。
　● 本書では、既定値のままにする。以降の操作も、特に指定がなければ既定値のまま次に進む。

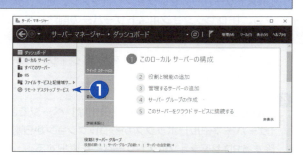

第3章 RDS/VDIの構成

❻ [ユーザーグループ] をクリックする。

❼ [ユーザーグループの指定] ページで、セッションコレクションへのアクセス許可を指定する。

❽ [セッション] をクリックする。

❾ [セッション設定の構成] ページで、RDセッションホストサーバーへのセッションの設定を指定する。
- 本書では、次の値を使用する。
  切断されたセッションの終了：**10分**
  アクティブセッションの最大時間：**1時間**
  アイドルなセッションの最大時間：**30分**

❿ [セキュリティ] をクリックする。

⓫ [セキュリティ設定の構成] ページで、RDセッションホストサーバーへのセキュリティ設定を指定する。
- 本書では、次の値を使用する。
  セキュリティ層：ネゴシエート
  暗号化レベル：クライアント互換
  ネットワークレベル認証でリモートデスクトップを実行しているコンピューターからのみ接続を許可する：オン

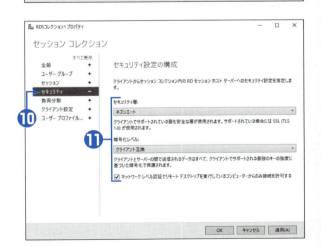

ヒント
アクセス許可の指定
セッションコレクションにアクセスできるユーザーを制限するには、[ユーザーグループの指定] ページで既定のDomain Usersグループを削除し、[追加] ボタンをクリックしてアクセスを許可したいユーザーまたはグループを追加します。

⑫ ［負荷分散］をクリックする。

⑬ ［負荷分散の設定の構成］ページで、複数のRDセッションホストサーバーで負荷分散する際の重みやセッションの最大数を指定する。
　●本書では、次の値を使用する。
　　RVH1の相対的な重み：100
　　RVH1のセッションの最大数：100
　　RVH2の相対的な重み：200
　　RVH2のセッションの最大数：100

⑭ ［クライアント設定］をクリックする。

⑮ ［クライアント設定の構成］ページで、ユーザーが接続したときに使用できるようにするクライアントデバイスを指定する。

⑯ ［ユーザープロファイルディスク］をクリックする。

⑰ ［ユーザープロファイルディスク］ページで、ユーザープロファイルディスクの場所やユーザープロファイルディスクに格納するデータを指定する。

⑱ ［OK］をクリックする。

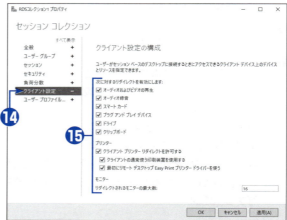

RemoteAppプログラムとは

Windows Server 2003のターミナルサービスでは、リモートデスクトップ接続を利用してデスクトップ画面を表示し、そのデスクトップ画面の中でアプリケーションを実行できました。Windows Server 2008以降のターミナルサービス(Windows Server 2008 R2以降はリモートデスクトップサービス)では、アプリケーションの画面だけをクライアントに表示する「RemoteApp」という機能が追加されています。

RemoteAppでは、RDセッションホストサーバー上にインストールしたアプリケーションの画面だけがクライアントに表示されます。ユーザーにはアプリケーションがあたかもローカルコンピューターで実行されているかのように表示されるので、見た目の違和感なく、ユーザーは自分の業務に集中できます。RemoteAppで利用できるアプリケーションは、「RemoteAppプログラム」と呼ばれています。

RemoteAppプログラム

RemoteAppを使用する利点

RemoteAppでは、クライアントコンピューターが社内ネットワークや外出先などから、RDセッションホストサーバーで提供されている標準的なWindowsアプリケーションにアクセスできるようになります。RemoteAppを使用すると、次のような利点が考えられます。

● 管理負荷の軽減

　RemoteAppでは、RDセッションホストサーバーにインストールされたアプリケーションを、RemoteAppプログラムとしてユーザーに展開できます。アプリケーションのアップグレードや更新は、各クライアントコンピューターで実行する必要はなく、RDセッションホストサーバー上で1回実行すればすみます。

● 複数バージョンのアプリケーションの使用

アプリケーションの複数のバージョンをクライアントコンピューターにインストールすると、DLLの競合などが発生してインストールできない場合でも、一方のバージョンをローカルコンピューターにインストールし、もう一方のバージョンをRemoteAppプログラムとしてユーザーが利用できます。

● 基幹業務アプリケーションの展開

基幹業務アプリケーションをRemoteAppプログラムとして展開することで、クライアントOSをバージョンアップするときでも、新しいクライアントOSでの動作を確認する必要はありません。また、ユーザーは、基幹業務アプリケーションをローカルコンピューターにインストールすることなく、RemoteAppプログラムを実行するだけで業務を行えます。

● リモートからのアクセス

RDSには、インターネット経由でも安全にRemoteAppプログラムに接続できる仕組みを構築できるため、ユーザーは自宅や外出先などからでもRemoteAppプログラムを実行できます。

RemoteAppを使用するためのクライアントの要件

RemoteAppを使用するには、クライアントでリモートデスクトップ接続（RDC）6.0以降をサポートしている必要があります。RDC 6.0以降をサポートしているクライアントについては、次の表を参照してください。

OSやサービスパック
Windows Server 2019
Windows Server 2016
Windows Server 2012 R2
Windows Server 2012
Windows Server 2008 R2
Windows Server 2008
Windows 10
Windows 8.1
Windows 8
Windows 7

RemoteAppプログラムでのセッションの共有

RemoteAppでは、ユーザーが複数のRemoteAppプログラムを同時に実行できます。1台のRDセッションホストサーバーで1人のユーザーが複数のRemoteAppプログラムを実行した場合、各RemoteAppプログラムは同じリモートデスクトップサービスセッションを共有します。そのため、RDセッションホストサーバーのユーザーセッションが効果的に使用されます。

RemoteAppプログラムの公開

Windows 10などのクライアントコンピューターには、リモートデスクトップ接続クライアントがあります。リモートデスクトップ接続クライアントを使用する場合、一度RDセッションホストサーバーのWindowsデスクトップに接続してからそのデスクトップ内でアプリケーションを実行する必要があります。

アプリケーションの画面だけが表示されるRemoteAppプログラムを使用するには、クライアントからRemoteAppプログラムにアクセスできるように、RemoteAppプログラムを配布する必要があります。

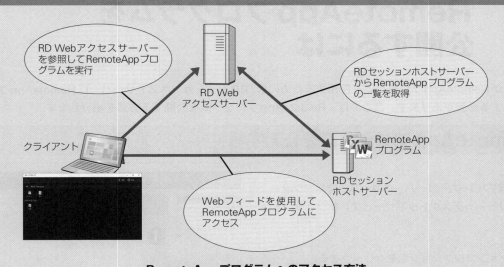

RemoteAppプログラムへのアクセス方法

Windows ServerのRDSでは、RemoteAppプログラムの配布方法に次の2つがあります。

- RD Webアクセス

    RD Webアクセスは、ユーザーがRDセッションホストサーバーのアプリケーションやWindowsデスクトップにアクセスするためのWebサイトを提供します。RD Webアクセスサーバーは、RDセッションホストサーバーからRemoteAppプログラムの一覧を取得します。そのため、RD WebアクセスサーバーのWebサイトにアクセスすると、RemoteAppプログラムにアクセスできます。

- Webフィード

    Windows 8以降のクライアントでは、Webフィードを使用してRemoteAppプログラムにアクセスできます。Webフィードは、Windows 8/8.1ではスタート画面にRemoteAppプログラムのタイルが表示され、Windows 10ではスタートメニューに表示されます。ユーザーはローカルコンピューターのアプリケーションを開くのと同じように、RemoteAppプログラムを実行できます。

6 RemoteAppプログラムを公開するには

ユーザーがRemoteAppプログラムを使用するためには、RDセッションホストサーバーにRemoteAppプログラムを追加する必要があります。ここでは、RemoteAppプログラムを公開する方法を紹介します。

RemoteAppプログラムを公開する

❶ RD接続ブローカーサーバーのサーバーマネージャーで、[リモートデスクトップサービス]をクリックする。

❷ セッションコレクション名をクリックする。

❸ [RemoteAppプログラム]セクションで、[タスク]をクリックし、[RemoteAppプログラムの公開]を選択する。
▶ [RemoteAppプログラムの公開]ウィザードが表示される。

❹ [RemoteAppプログラムの選択]ページで、セッションコレクションに公開したいアプリケーションのチェックボックスをオンにする。
●本書では、次の値を使用する。
ワードパッド
電卓

❺ [追加]をクリックする。
▶ [開く]ダイアログボックスが表示される。

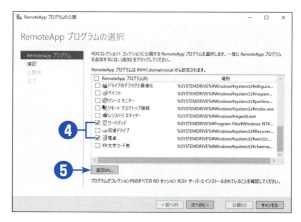

❻ セッションコレクションに公開したいアプリケーションを選択する。
● 本書では、次の値を使用する。
notepad

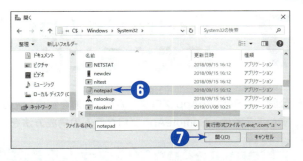

❼ [開く] をクリックする。
▶ [RemoteApp プログラムの選択] ページに戻る。

❽ [次へ] をクリックする。

❾ [確認] ページで、[公開] をクリックする。
▶ 選択したアプリケーションがセッションコレクションに公開される。

❿ [完了] ページで、[閉じる] をクリックする。

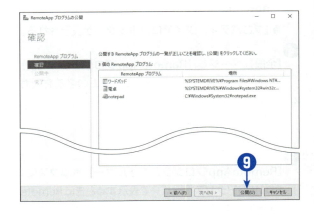

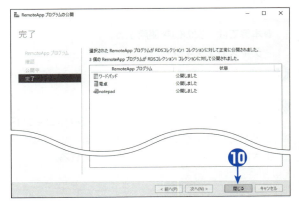

7 RemoteAppプログラムを構成するには

公開したRemoteAppプログラムは、名前を変更したり、RemoteAppプログラムフォルダーにまとめたりできます。ここでは、RemoteAppプログラムの構成方法を紹介します。

RemoteAppプログラムを編集する

❶ RD接続ブローカーサーバーのサーバーマネージャーで、[リモートデスクトップサービス]をクリックする。

❷ セッションコレクション名をクリックする。

❸ [RemoteAppプログラム]セクションで、編集したいRemoteAppプログラムを右クリックし、[プロパティの編集]を選択する。
● 本書では、次の値を使用する。
　notepad
▶ [プロパティ]ダイアログボックスが表示される。

❹ [全般]ページで、[RemoteAppプログラムの名前]ボックスに、RemoteAppプログラムの名前を入力する。
● 本書では、次の値を使用する。
　メモ帳

❺ [RemoteAppプログラムフォルダー]ボックスに、RD Webアクセスサーバーで表示するときにRemoteAppプログラムをまとめるフォルダー名を入力する。
● 本書では、次の値を使用する。
　テキストエディター

❻ [パラメーター]をクリックする。

❼ [コマンドラインパラメーター]ページで、コマンドラインを許可するかどうかを指定する。
● 本書では、既定値をそのまま受け入れる。

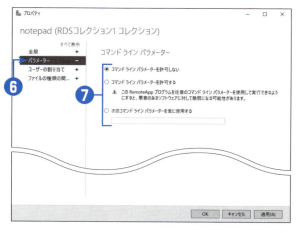

❽
[ユーザーの割り当て] をクリックする。

❾
[ユーザーの割り当て] ページで、RemoteAppプログラムにアクセスできるユーザーやグループを指定する。
● 本書では、次の値を使用する。
　コレクションにアクセスできるすべてのユーザーとグループ

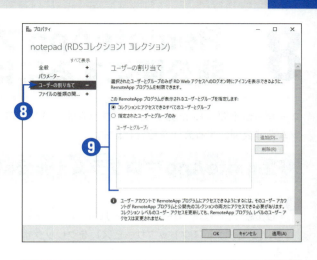

❿
[ファイルの種類の関連付け] をクリックする。

⓫
[ファイルの種類の関連付け] ページで、RemoteAppプログラムに関連付けるファイル拡張子のチェックボックスをオンにする。
● 本書では、次の値を使用する。
　.txt

⓬
[OK] をクリックする。

8 RemoteAppプログラムを非公開にするには

ユーザーが不要なRemoteAppプログラムは、必要に応じて非公開にできます。ここでは、RemoteAppプログラムを非公開にする方法を紹介します。

RemoteAppプログラムを非公開にする

❶ RD接続ブローカーサーバーのサーバーマネージャーで、[リモートデスクトップサービス]をクリックする。

❷ セッションコレクション名をクリックする。

❸ [RemoteAppプログラム]セクションで、[タスク]をクリックし、[RemoteAppプログラムの非公開]を選択する。
  ▶ [RemoteAppプログラムの非公開]ウィザードが表示される。

❹ [RemoteAppプログラムの選択]ページで、非公開にしたいRemoteAppプログラムのチェックボックスをオンにする。
  ● 本書では、次の値を使用する。
  ワードパッド

❺ [次へ]をクリックする。

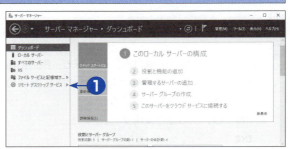

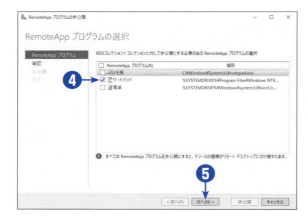

❻ [確認] ページで、[非公開] をクリックする。
　▶選択したアプリケーションがセッションコレクションに公開されなくなる。

❼ [完了] ページで、[閉じる] をクリックする。

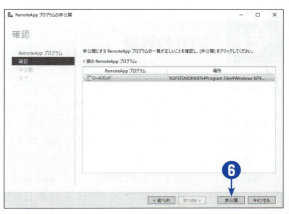

VDIの管理

Windows Server 2012以降の仮想デスクトップインフラストラクチャ（VDI）は、Windows Server 2008 R2のVDIと比較して管理が簡単になりました。Windows Server 2008 R2のVDIの仕組みを簡単に説明すると、仮想デスクトップへ接続するために、RD Webアクセスサーバーで接続先を取得し、RDセッションホストを経由してRD接続ブローカーサーバーに接続要求をリダイレクトし、RD接続ブローカーサーバーが仮想デスクトップを割り当てた後、ユーザーが仮想デスクトップに接続するという流れでした。そのため、VDI環境を構成するには少なくとも4台のサーバー（RD Webアクセスサーバー、RDセッションホスト、RD接続ブローカーサーバー、RD仮想化ホストサーバー）が必要でした。

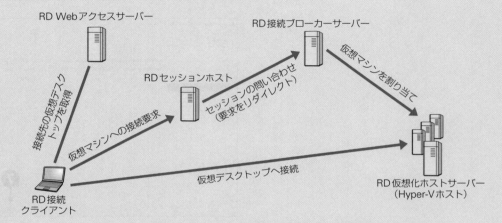

Windows Server 2008 R2のVDIの概要

Windows Server 2012以降のVDIでは、構成がシンプルになりました。Windows Server 2008 R2で必要だったRDセッションホストを実行するサーバーが必要なくなりました。

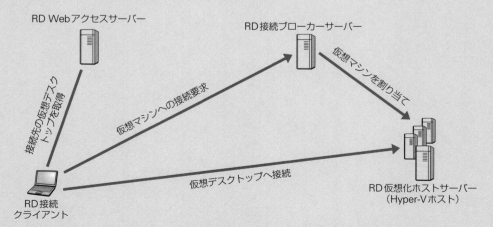

Windows Server 2012以降のVDIの概要

また、Windows Server 2012以降のVDIは、シナリオに基づいてすべての関連するサービスを一元管理できるため、VDIの各サーバーで管理作業を行うのではなく、VDI環境の管理作業のほとんどは、統一された管理インターフェイスを使用して集中管理できます。

VDIの管理ツール

Windows Server 2012以降のサーバーマネージャーでは、サーバープールに追加された複数のサーバーを管理できます。VDIの管理でも多くの管理タスクを実行するためにサーバーマネージャーを使用します。VDIの管理タスクのほとんどは、RD接続ブローカーサーバーのサーバーマネージャーで実行します。

コレクション

Windows Server 2012以降のVDIでは、環境に「コレクション」を作成する必要があります。VDI環境におけるコレクションとは、仮想デスクトップを論理的なグループとしてまとめたものです。そのため、コレクションを作成および構成すると、複数の仮想デスクトップの設定を一元管理できるようになります。VDIのコレクションは、「仮想デスクトップコレクション」と呼ばれます。仮想デスクトップコレクションには、仮想デスクトップの管理方法と利用方法により、4種類の仮想デスクトップコレクションがあります。

管理対象と非管理対象の仮想デスクトップコレクション

管理対象の仮想デスクトップコレクションと非管理対象の仮想デスクトップコレクションのわかりやすい違いは、RD接続ブローカーサーバーのサーバーマネージャー（VDIの管理ツール）を使用して仮想デスクトップを作成できるかどうかです。管理対象の仮想デスクトップコレクションでは、RD仮想化ホストサーバーに仮想デスクトップを自動的に作成できます。非管理対象の仮想デスクトップコレクションでは、RD仮想化ホストサーバーのHyper-Vマネージャーを使用して仮想デスクトップを事前に作成しておく必要があります。

プールされた仮想デスクトップコレクションと個人用仮想デスクトップコレクション

プールされた仮想デスクトップコレクションと個人用仮想デスクトップコレクションのわかりやすい違いは、ユーザーと仮想デスクトップを1対1で関連付けるかどうかです。

●プールされた仮想デスクトップコレクション

プールされた仮想デスクトップコレクションでは、複数の仮想デスクトップを複数のユーザーが使用します。ユーザーは任意の仮想デスクトップに接続するため、コールセンター担当者などが使用する定型業務用の仮想デスクトップに適しています。プールされた仮想デスクトップでは、すべての仮想デスクトップを同じ環境にする必要があるため、次の特徴があります。

- ・ストレージの要件が個人用仮想デスクトップコレクションよりも低い
- ・仮想デスクトップ用のイメージを1つだけ管理すればよい
- ・個人用仮想デスクトップコレクションよりも展開が容易になる

●個人用仮想デスクトップコレクション

個人用仮想デスクトップコレクションは、ユーザーと仮想デスクトップを1対1で関連付けます。ユーザーは仮想デスクトップを個人専用で利用できるため、自分専用のノートPCなどと同じように使用できます。そのため、個人用仮想デスクトップを使用するユーザーは、仮想デスクトップで高度な処理を実行できます。たとえば、アプリケーションのテストを行う開発者などに適しています。個人用仮想デスクトップは、ユーザーが柔軟にデスクトップをカスタマイズできるため、次の特徴があります。

- ・ストレージの要件がプールされた仮想デスクトップコレクションよりも高い
- ・ユーザーごとに異なる仮想デスクトップが必要になる
- ・1ユーザーに割り当てる仮想デスクトップは1台だけである
- ・仮想デスクトップをユーザーが管理でき、ユーザーが行った変更は保持される

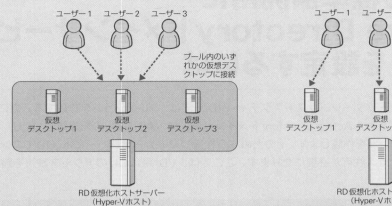
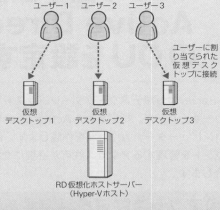

プールされた仮想デスクトップコレクション　　　個人用仮想デスクトップコレクション

仮想デスクトップコレクションの機能の違い

仮想デスクトップコレクションは、仮想デスクトップの作成などを管理するのか、仮想デスクトップをプールするのかに応じて利用できる機能が異なります。次の表に、仮想デスクトップコレクションの種類ごとに利用できる機能をまとめます。

	管理対象の プールされた 仮想デスクトップ コレクション	管理対象の 個人用仮想 デスクトップ コレクション	非管理対象の プールされた 仮想デスクトップ コレクション	非管理対象の 個人用 仮想デスクトップ コレクション
仮想デスクトップテンプレートに基づいて仮想デスクトップを新規作成	可	可	不可	不可
仮想デスクトップテンプレートに基づいて仮想デスクトップを再作成	可	不可	不可	不可
ユーザープロファイルディスクにユーザー設定を格納	可	不可	可	不可
仮想デスクトップへの恒久的なユーザーの割り当て	不可	可	不可	可
仮想デスクトップに対する管理用のアクセス権	不可	可	不可	可

異なるコンピューターでの同じ環境の使用

VDIでプールされた仮想デスクトップを使用する場合には、ユーザーがどの仮想デスクトップに接続するか明確でないため、ユーザープロファイルデータをどのように処理するかを考慮する必要があります。特に、ユーザーのどのデータをどこに格納するかを考慮しなければなりません。この問題を解決するために、Windows ServerのVDIでは、ユーザープロファイルディスクを利用できるようになりました。ユーザープロファイルディスクおよび移動ユーザープロファイルの詳細については、この章のコラム「異なるコンピューターでの同じ環境の使用」を参照してください。

9 VDIの標準展開用にActive DirectoryドメインサービスのOUを設定するには

Windows Serverの仮想デスクトップインフラストラクチャ（VDI）では、コレクションを作成するときにRD接続ブローカーサーバーが、指定されたActive Directoryドメインサービス（AD DS）の組織単位（OU）に仮想マシンのコンピューターアカウントを作成します。そのため、RD接続ブローカーサーバーには、OUでコンピューターアカウントを管理するアクセス許可が必要になります。ここでは、VDI用にOUのアクセス許可を設定する方法を紹介します。

OUのアクセス許可を設定する

❶ ドメインコントローラーにドメインのAdministratorとしてサインインする。

❷ サーバーマネージャーで［ツール］をクリックし、［Active Directoryユーザーとコンピューター］を選択する。
▶［Active Directoryユーザーとコンピューター］ウィンドウが表示される。

❸ ［表示］メニューをクリックし、［拡張機能］を選択する。
▶［Active Directoryユーザーとコンピューター］ウィンドウで、拡張機能を表示できるようになる。

❹ アクセス許可を設定するOUを右クリックし、［プロパティ］をクリックする。
● 本書では、次のOUを使用する。
　VDIVM
▶［<OU名>のプロパティ］ダイアログボックスが表示される。

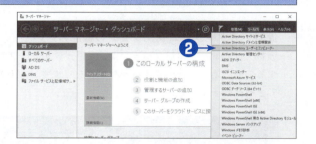

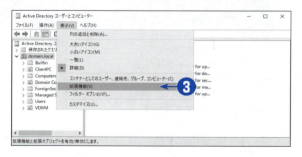

> **ヒント**
> **拡張機能の表示**
> 既に拡張機能が有効になっている場合、［表示］メニューの［拡張機能］の左にチェックマークが表示されます。拡張機能が有効なときに再度選択すると、拡張機能が無効になります。

❺
［セキュリティ］タブをクリックする。

❻
［詳細設定］をクリックする。
▶ ［<OU名>のセキュリティの詳細設定］ダイアログボックスが表示される。

❼
［追加］をクリックする。
▶ ［<OU名>のアクセス許可エントリ］ダイアログボックスが表示される。

❽
［プリンシパルの選択］をクリックする。
▶ ［ユーザー、コンピューター、サービスアカウントまたはグループの選択］ダイアログボックスが表示される。

❾
［オブジェクトの種類］をクリックする。
▶ ［オブジェクトの種類］ダイアログボックスが表示される。

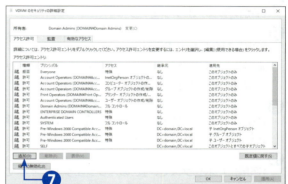

⓾ [コンピューター] チェックボックスをオンにする。

⑪ [OK] をクリックする。
  ▶ [ユーザー、コンピューター、サービスアカウントまたはグループの選択] ダイアログボックスに戻る。

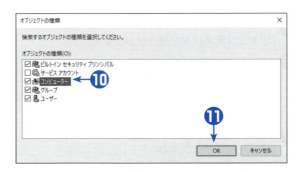

⑫ [選択するオブジェクト名を入力してください] ボックスに、RD 接続ブローカーサーバーのコンピューター名を入力する。
  ●本書では、次の値を使用する。
  CONB5

⑬ [名前の確認] をクリックする。

⑭ [OK] をクリックする。
  ▶ [<OU 名>のアクセス許可エントリ] ダイアログボックスに戻る。

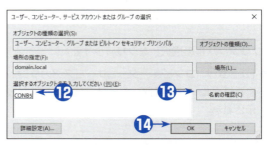

⑮ [種類] ボックスが [許可] になっていることを確認する。

⑯ [適用先] ボックスで、[このオブジェクトとすべての子オブジェクト] が選択されていることを確認する。

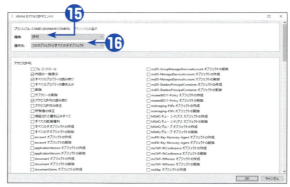

⑰ [アクセス許可] セクションで、[コンピューターオブジェクトの作成] および [コンピューターオブジェクトの削除] チェックボックスをオンにする。

⑱ [OK] をクリックする。
  ▶ [<OU 名>のセキュリティの詳細設定] ダイアログボックスに戻る。

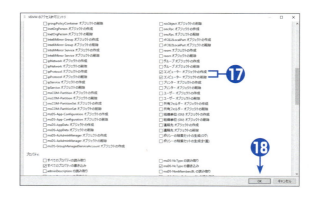

ヒント

アクセス許可の適用先

ここでは、同じコンピューターアカウントに対して複数のアクセス許可を設定しますが、アクセス許可の適用先が異なるため、手順⑱でいったん [OK] をクリックして設定を反映する必要があります。

⓳
再び[追加]をクリックする。
▶ [<OU名>のアクセス許可エントリ]ダイアログボックスが表示される。

⓴
[プリンシパルの選択]をクリックする。
▶ [ユーザー、コンピューター、サービスアカウントまたはグループの選択]ダイアログボックスが表示される。

㉑
[選択するオブジェクト名を入力してください]ボックスに、RD接続ブローカーサーバーのコンピューター名を入力する。
● 本書では、次の値を使用する。
CONB5

㉒
[名前の確認]をクリックする。

㉓
[OK]をクリックする。
▶ [<OU名>のアクセス許可エントリ]ダイアログボックスに戻る。

㉔
[種類]ボックスが[許可]になっていることを確認する。

㉕
[適用先]ボックスで、[子コンピューターオブジェクト]を選択する。

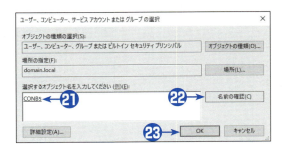

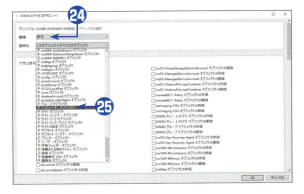

㉖

[アクセス許可]セクションで、[フルコントロール]チェックボックスをオンにする。

㉗

[OK]をクリックする。

▶ [<OU名>のセキュリティの詳細設定]ダイアログボックスに戻る。

㉘

[OK]をクリックする。

▶ [<OU名>のプロパティ]ダイアログボックスに戻る。

㉙

[OK]をクリックする。

10 仮想デスクトップコレクションの準備用に仮想デスクトップテンプレートを作成するには

Windows ServerのVDIでは、仮想デスクトップコレクションを作成する必要があります。仮想デスクトップコレクションは、仮想デスクトップをまとめたものです。管理された仮想デスクトップコレクションを作成する際には、仮想デスクトップテンプレートを指定する必要があります。ここでは、仮想デスクトップコレクションの準備用に仮想デスクトップテンプレートを作成する方法を紹介します。

仮想デスクトップテンプレート用の仮想マシンを作成する

❶ ドメイン管理者として、RD仮想化ホストサーバーにサインインする。

❷ サーバーマネージャーで［ツール］をクリックし、［Hyper-Vマネージャー］をクリックする。
▶ Hyper-Vマネージャーが表示される。

❸ Hyper-Vホストを右クリックし、［新規］、［仮想マシン］の順に選択する。
▶［仮想マシンの新規作成ウィザード］が表示される。

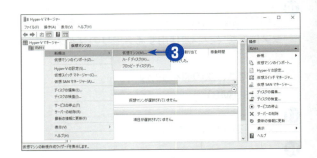

❹［開始する前に］ページで、［次へ］をクリックする。

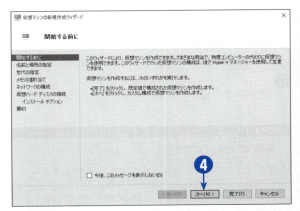

❺
[名前と場所の指定] ページで、[名前] ボックスに仮想マシンの名前を入力する。
●本書では、次の値を使用する。
　Win10Base

❻
仮想マシンを既定の場所以外に作成する場合は、[仮想マシンを別の場所に格納する] チェックボックスをオンにし、[場所] ボックスに仮想マシンを作成するフォルダーのパスを入力する。
●本書では、次の値を使用する。
　仮想マシンを別の場所に格納する：オン
　場所：D:¥VM¥

❼
[次へ] をクリックする。

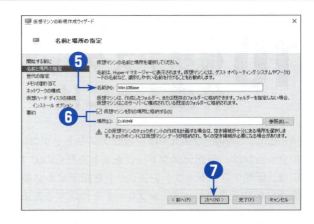

❽
[世代の指定]ページで、仮想マシンの世代を指定する。
●本書では、次の値を使用する
　第2世代

❾
[次へ] をクリックする。

❿
[メモリの割り当て] ページで、[起動メモリ] ボックスに仮想マシンで使用するメモリのサイズを指定する。
●本書では、次の値を使用する。
　2048（MB）

⓫
[次へ] をクリックする。

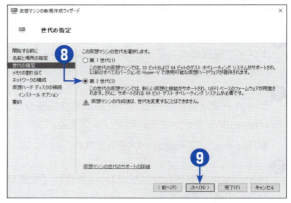

⓬
[ネットワークの構成]ページで、[接続] ボックスから仮想マシンで使用する仮想スイッチを選択する。
●本書では、次の値を使用する。
　RDS Virtual

⓭
[次へ] をクリックする。

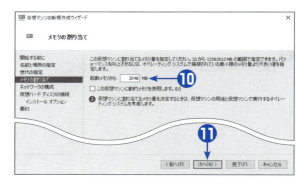

ヒント
仮想マシンの作成場所
仮想マシンの場所を指定して仮想マシンを作成すると、仮想マシン名のフォルダーが作成され、そのフォルダー内に仮想マシン用のファイルがまとめて作成されます。場所を指定しない場合、既定のフォルダー内に仮想マシンが作成されます。

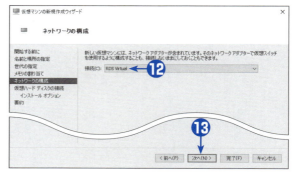

第3章 RDS/VDIの構成

⑭ [仮想ハードディスクの接続] ページで、[仮想ハードディスクを作成する] を選択する。

⑮ [次へ] をクリックする。

⑯ [インストールオプション] ページで、仮想マシンにOSをインストールするためのオプションを指定する。
● 本書では、次の値を使用する。
ブートイメージからオペレーティングシステムをインストールする：選択
イメージファイル（.iso）：**D:¥OSImage¥Win10.iso**

⑰ [次へ] をクリックする。

⑱ [仮想マシンの新規作成ウィザードの完了] ページで、[完了] をクリックする。
▶ 仮想マシンが作成される。

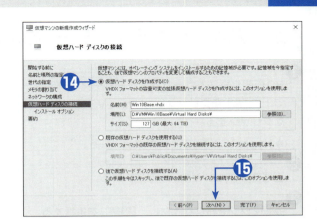
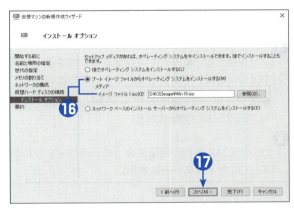

ヒント

[仮想ハードディスクの接続] ページのオプション

[仮想ハードディスクを作成する] を選択すると、容量可変の仮想ハードディスクが作成されます。また、仮想ハードディスクのサイズは、必要に応じて変更できます。

イメージファイルの指定

[参照] ボタンをクリックすると、[開く] ダイアログボックスでOSのイメージファイルを選択できます。

PowerShell コマンドレット

仮想マシンの作成

PowerShellで仮想マシンを作成するには、次のコマンドレットを1行で入力し、実行します。

```
New-VM -Name "Win10Base" -MemoryStartupBytes 2GB -NewVHDPath "D:¥VM¥Win10Base¥
Virtual Hard Disks¥Win10Base.vhdx" -NewVHDSizeBytes 127GB -Path D:¥VM¥
```

仮想デスクトップテンプレートを準備する

❶ RD仮想化ホストサーバーのサーバーマネージャーで［ツール］をクリックし、［Hyper-Vマネージャー］をクリックする。

▶ Hyper-Vマネージャーが表示される。

❷ 管理するHyper-Vホストを選択する。

❸ 仮想マシンを右クリックし、［接続］を選択する。

▶［<Hyper-Vホスト名>上の<仮想マシン名> - 仮想マシン接続］ウィンドウが表示される。

❹ ツールバーの［起動］ボタンをクリックする（画面中央の［起動］ボタンをクリックしてもよい）。

▶ 仮想マシンが起動し、ゲストOSのインストールプログラムが開始される。

❺ OSのインストール手順に従って、仮想マシンにゲストOSをインストールする。

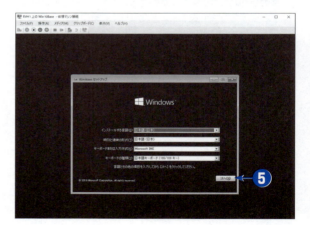

❻ ゲストOSのインストール後、[メディア] メニューから [DVD ドライブ]、[<iso ファイル名>の取り出し] の順に選択する。

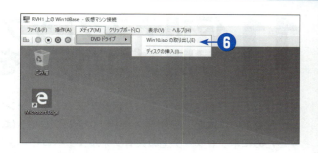

❼ 必要に応じてゲストOSにアプリケーションをインストールする。

❽ ゲストOSのタスクバーの [検索] ボックスに **cmd** と入力し、Enterキーを押す。

▶ [コマンドプロンプト] ウィンドウが表示される。

❾ 次のコマンドを1行で入力し、仮想デスクトップテンプレート用の仮想ハードディスクを作成する。

```
c:¥windows¥system32¥sysprep¥sysprep.exe /generalize /oobe /shutdown /mode:vm
```

▶ 作成が終わると、仮想マシンが自動的にシャットダウンされる。

11 仮想デスクトップコレクションの展開プロパティを構成するには

管理された仮想デスクトップは、仮想デスクトップテンプレートを使用して作成されます。仮想デスクトップコレクションの作成時、仮想デスクトップテンプレートは、RD仮想化ホストサーバーで仮想デスクトップを作成するためにネットワーク上の共有フォルダーへコピーされます。また、管理された仮想デスクトップは、仮想デスクトップが参加するActive Directoryドメインを指定したり、仮想デスクトップのコンピューターアカウントを作成するActive Directory上の組織単位（OU）を指定したりできます。ここでは、仮想デスクトップテンプレートをエクスポートする場所の設定方法と、仮想デスクトップ用のOUの指定方法を紹介します。

仮想デスクトップテンプレートのエクスポート先を構成する

❶ RD接続ブローカーサーバーのサーバーマネージャーで、[リモートデスクトップサービス]をクリックする。

❷ [コレクション]をクリックする。

❸ [コレクション]セクションで、[タスク]をクリックし、[展開プロパティの編集]を選択する。
▶ [展開プロパティ]ダイアログボックスが表示される。

❹ [エクスポート先]をクリックする。

❺ [エクスポート先]ボックスに、仮想マシンテンプレートをコピーする共有フォルダーの場所を指定する。
● 本書では、次の値（既定値）を使用する。
¥¥CONB5¥RDVirtualDesktopTemplate

❻ [OK]をクリックする。

仮想デスクトップのドメインとOUを指定する

❶ RD接続ブローカーサーバーのサーバーマネージャーで、[リモートデスクトップサービス]をクリックする。

❷ [コレクション]をクリックする。

❸ [コレクション]セクションで、[タスク]をクリックし、[展開プロパティの編集]を選択する。
▶ [展開プロパティ]ダイアログボックスが表示される。

❹ [Active Directory]をクリックする。

❺ [ドメイン]ボックスで、仮想デスクトップを参加させるActive Directoryドメインを選択する。
● 本書では、次の値を使用する。
　domain.local

❻ [組織単位]ボックスで、仮想デスクトップのコンピューターアカウントを作成するOUを選択する。
● 本書では、次の値を使用する。
　VDIVM

❼ [OK]をクリックする。

ヒント

OUのアクセス許可

OUやComputersコンテナーに対してコンピューターアカウントを管理するための権限がRD接続ブローカーサーバーにない場合は、[スクリプトの生成]をクリックするとOUやComputersコンテナーのアクセス許可を設定するPowerShellスクリプトを表示できます。

12 管理された仮想デスクトップコレクションを作成するには

Windows ServerのVDIでは、ユーザーに仮想デスクトップを展開するために、仮想デスクトップコレクションを作成する必要があります。仮想デスクトップコレクションは、仮想デスクトップをグループ化したものです。ここでは、管理対象のプールされた仮想デスクトップコレクションと個人用仮想デスクトップコレクションの作成方法を紹介します。

管理対象のプールされた仮想デスクトップコレクションを作成する

❶ RD接続ブローカーサーバーのサーバーマネージャーで、[リモートデスクトップサービス]をクリックする。

❷ [コレクション]をクリックする。

❸ [コレクション]セクションで、[タスク]をクリックし、[仮想デスクトップコレクションの作成]を選択する。
　▶[コレクションの作成]ウィザードが表示される。

❹ [開始する前に]ページで、[次へ]をクリックする。

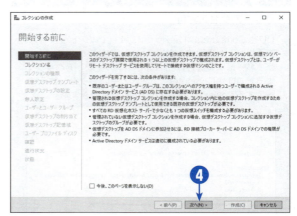

❺ ［コレクション名の指定］ページで、［名前］ボックスにコレクション名を入力する。
● 本書では、次の値を使用する。
VDIコレクション1

❻ ［説明］ボックスにコレクションの説明を入力する。
● 本書では、次の値を使用する。
管理対象のプールされた仮想デスクトップコレクション

❼ ［次へ］をクリックする。

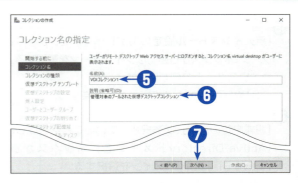

❽ ［コレクションの種類の指定］ページで、［プールされた仮想デスクトップコレクション］が選択されていることを確認する。

❾ ［仮想デスクトップを自動的に作成および管理する］チェックボックスがオンになっていることを確認する。

❿ ［次へ］をクリックする。

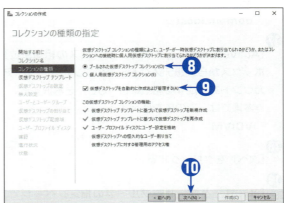

⓫ ［仮想デスクトップテンプレートの指定］ページで、仮想デスクトップテンプレートを選択する。
● 本書では、次の値を使用する。
Win10Base

⓬ ［次へ］をクリックする。

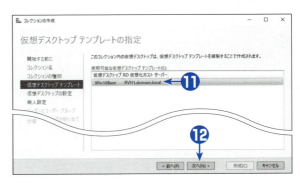

⓭ ［仮想デスクトップの設定の指定］ページで、［無人インストール設定を指定する］が選択されていることを確認する。

⓮ ［次へ］をクリックする。

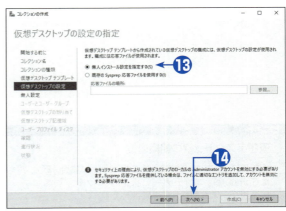

ヒント

Sysprep応答ファイル

無人インストール用にSysprep応答ファイルがある場合は、［既定のSysprep応答ファイルを使用する］を選択し、応答ファイルへのパスを入力します。

⑮ ［無人インストール設定の指定］ページで、［タイムゾーン］ボックスから適切なタイムゾーンを選択する。
● 本書では、次の値を使用する。
　（UTC+09：00）大阪、札幌、東京

⑯ ［組織単位の選択］が選択されていることを確認し、[Active Directoryドメイン名]ボックスからActive Directoryドメインを選択する。
● 本書では、次の値を使用する。
　domain.local

⑰ ［Active Directoryドメインサービスの組織単位］ボックスから仮想デスクトップのコンピューターアカウントを作成する組織単位（OU）を選択する。
● 本書では、次の値を使用する。
　VDIVM

⑱ ［次へ］をクリックする。

⑲ ［ユーザーとユーザーグループの指定］ページで、［ユーザーグループ］ボックスから［＜ドメイン名＞¥Domain Users］を選択する。

⑳ ［削除］をクリックする。

ヒント
OUのアクセス許可
OUやComputersコンテナーに対してコンピューターアカウントを管理するための権限がRD接続ブローカーサーバーにない場合は、［スクリプトの生成］をクリックするとOUやComputersコンテナーのアクセス許可を設定するPowerShellスクリプトを表示できます。

ヒント
仮想デスクトップの組織単位
仮想デスクトップの組織単位を指定しない場合、既定ではComputersコンテナーに仮想デスクトップのコンピューターアカウントが作成されます。

㉑
[追加] をクリックする。
▶ [ユーザーまたはグループの指定] ダイアログボックスが表示される。

㉒
[選択するオブジェクト名を入力してください] ボックスに、仮想デスクトップへの接続を許可するユーザーまたはグループの名前を入力する。
● 本書では、次の値を使用する。
　VDIUsers

㉓
[名前の確認] をクリックする。

㉔
[OK] をクリックする。
▶ [ユーザーとユーザーグループの指定] ページに戻る。

㉕
[コレクション内に作成される仮想デスクトップ] ボックスに、コレクションで作成する仮想デスクトップの数を入力する。

㉖
[プレフィックス] ボックスに、このコレクションで作成される仮想デスクトップの先頭に追加する文字を指定する。
● 本書では、次の値を使用する。
　VDI1-

㉗
[サフィックス] ボックスに、このコレクションで作成される仮想デスクトップの末尾に追加する文字を指定する。
● 本書では、次の値を使用する。
　1

㉘
[次へ] をクリックする。

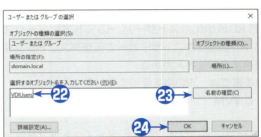

ヒント

仮想デスクトップのサフィックス

仮想デスクトップのサフィックスで「1」を指定した場合、1台目の仮想デスクトップ名が「VDI1-1」、2台目の仮想デスクトップ名が「VDI1-2」のように、サフィックスが増加します。

㉙ [仮想デスクトップの割り当ての指定] ページで、[新しい仮想デスクトップの数] 列に、RD 仮想化ホストサーバーに割り当てる仮想デスクトップの数を指定する。

㉚ [次へ] をクリックする。

㉛ [仮想デスクトップ記憶域の指定] ページで、仮想デスクトップを格納する場所を指定する。
● 本書では、次の値を使用する。
　各 RD 仮想化ホストサーバーのストア

㉜ [各 RD 仮想化ホストサーバーのストア] ボックスに、RD 仮想化ホストサーバーで仮想デスクトップを格納するパスを入力する。
● 本書では、次の値を使用する。
　D:¥VM

㉝ [ユーザーのログオフ時に仮想デスクトップを自動的にロールバックする] チェックボックスがオンになっていることを確認する。

㉞ [次へ] をクリックする。

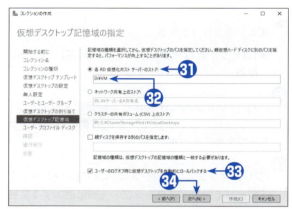

㉟ [ユーザープロファイルディスクの指定] ページで、[ユーザープロファイルディスクを有効にする] チェックボックスをオンにする。

㊱ [ユーザープロファイルディスクの場所] ボックスに、ユーザープロファイルディスク用の SMB 共有フォルダーを指定する。
● 本書では、次の値を使用する。
　¥¥DC100¥UserProfDisk

㊲ [次へ] をクリックする。

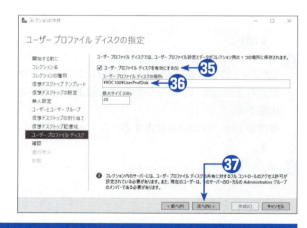

ヒント

仮想デスクトップ記憶域の指定

ネットワーク上の SMB 共有フォルダーに仮想デスクトップを格納する場合は [ネットワーク共有上のストア] を選択し、SMB 共有フォルダーへのパスを入力します。仮想化ホストでクラスターが構成されており、クラスター共有ボリュームに仮想デスクトップを格納する場合は [クラスターの共有ボリューム (CSV) 上のストア] を選択し、CSV の場所を指定します。

仮想デスクトップの自動ロールバック

プールされた仮想デスクトップコレクションでは、複数のユーザーで仮想デスクトップを共有するため、仮想デスクトップを自動的にロールバックするように設定します。

㊳ [選択内容の確認]ページで、[作成]をクリックする。

▶ [進行状況の表示]ページに、仮想デスクトップコレクションと仮想デスクトップの作成の進行状況が表示される。

㊴ [結果の表示]ページで、[閉じる]をクリックする。

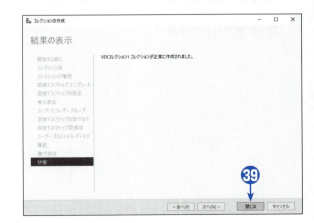

管理対象の個人用仮想デスクトップコレクションを作成する

❶ RD接続ブローカーサーバーのサーバーマネージャーで、[リモートデスクトップサービス]をクリックする。

❷ [コレクション]をクリックする。

❸ [コレクション]セクションで、[タスク]をクリックし、[仮想デスクトップコレクションの作成]を選択する。
▶[コレクションの作成]ウィザードが表示される。

❹ [開始する前に]ページで、[次へ]をクリックする。

❺ [コレクション名の指定]ページで、[名前]ボックスにコレクション名を入力する。
●本書では、次の値を使用する。
　VDIコレクション2

❻ [説明]ボックスにコレクションの説明を入力する。
●本書では、次の値を使用する。
　管理対象の個人用仮想デスクトップコレクション

❼ [次へ]をクリックする。

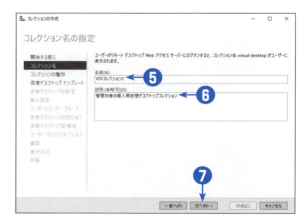

第3章　RDS/VDIの構成

❽　［コレクションの種類の指定］ページで、［個人用仮想デスクトップコレクション］を選択する。

❾　［仮想デスクトップを自動的に作成および管理する］チェックボックスがオンになっていることを確認する。

❿　［次へ］をクリックする。

⓫　［仮想デスクトップテンプレートの指定］ページで、仮想デスクトップテンプレートを選択する。
●本書では、次の値を使用する。
　　Win10Base

⓬　［次へ］をクリックする。

⓭　［ユーザーの割り当て］ページで、仮想デスクトップをユーザーに自動的に割り当てるかどうかを指定する。
●本書では、次の値を使用する。
　　自動ユーザー割り当てを有効にする

⓮　［仮想デスクトップのローカルのAdministratorsグループにユーザーアカウントを追加する］チェックボックスをオンにする。

⓯　［次へ］をクリックする。

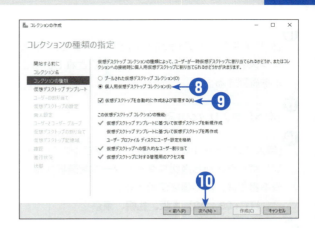

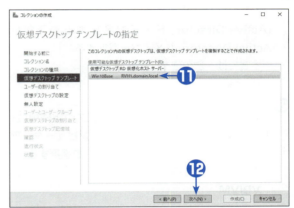

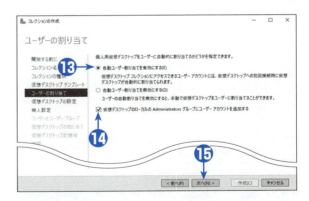

ヒント

仮想デスクトップテンプレートの再利用

仮想デスクトップテンプレートが既に異なる仮想デスクトップコレクションで使用されている場合、仮想デスクトップテンプレートが既に割り当てられていることを示す［仮想デスクトップテンプレート］ダイアログボックスが表示されます。この場合、［OK］をクリックすると、仮想デスクトップテンプレートを再利用できます。

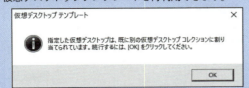

ヒント

仮想デスクトップの管理

仮想デスクトップの管理をユーザーに任せる場合は、［仮想デスクトップのローカルのAdministratorsグループにユーザーアカウントを追加する］チェックボックスをオンにします。仮想デスクトップの管理を管理者で実行し、ユーザーの操作を制限したい場合は、このチェックボックスをオフにします。

⓰ [仮想デスクトップの設定の指定] ページで、[無人インストール設定を指定する] が選択されていることを確認する。

⓱ [次へ] をクリックする。

⓲ [無人インストール設定の指定] ページで、[タイムゾーン] ボックスから適切なタイムゾーンを選択する。
● 本書では、次の値を使用する。
（UTC+09：00）大阪、札幌、東京

⓳ [組織単位の選択] が選択されていることを確認し、[Active Directory ドメイン名] ボックスから Active Directory ドメインを選択する。
● 本書では、次の値を使用する。
domain.local

⓴ [Active Directory ドメインサービスの組織単位] ボックスから仮想デスクトップのコンピューターアカウントを作成する組織単位（OU）を選択する。
● 本書では、次の値を使用する。
VDIVM

㉑ [次へ] をクリックする。

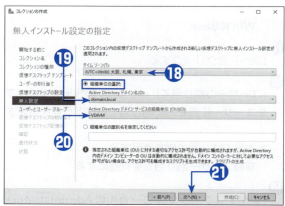

ヒント

Sysprep 応答ファイル

無人インストール用に Sysprep 応答ファイルがある場合は、[既定の Sysprep 応答ファイルを使用する] を選択し、応答ファイルへのパスを入力します。

仮想デスクトップの組織単位

仮想デスクトップの組織単位を指定しない場合、既定では Computers コンテナーに仮想デスクトップのコンピューターアカウントが作成されます。

ヒント

OU のアクセス許可

OU や Computers コンテナーに対してコンピューターアカウントを管理するための権限が RD 接続ブローカーサーバーにない場合は、[スクリプトの生成] をクリックすると OU や Computers コンテナーのアクセス許可を設定する PowerShell スクリプトを表示できます。

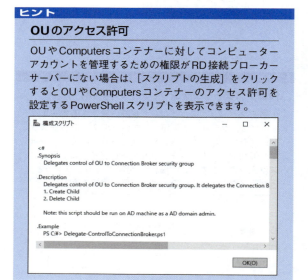

㉒ [ユーザーとユーザーグループの指定] ページで、[ユーザーグループ] ボックスから [<ドメイン名>¥Domain Users] を選択する。

㉓ [削除] をクリックする。

㉔ [追加] をクリックする。

▶ [ユーザーまたはグループの指定] ダイアログボックスが表示される。

㉕ [選択するオブジェクト名を入力してください] ボックスに、仮想デスクトップへの接続を許可するユーザーまたはグループの名前を入力する。
● 本書では、次の値を使用する。
VDIUsers

㉖ [名前の確認] をクリックする。

㉗ [OK] をクリックする。

▶ [ユーザーとユーザーグループの指定] ページに戻る。

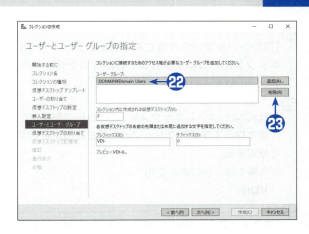

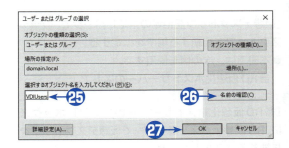

㉘ [コレクション内に作成される仮想デスクトップ] ボックスに、コレクションで作成する仮想デスクトップの数を入力する。

㉙ [プレフィックス] ボックスに、このコレクションで作成される仮想デスクトップの先頭に追加する文字を指定する。
● 本書では、次の値を使用する。
VDI2-

㉚ [サフィックス] ボックスに、このコレクションで作成される仮想デスクトップの末尾に追加する文字を指定する。
● 本書では、次の値を使用する。
1

㉛ [次へ] をクリックする。

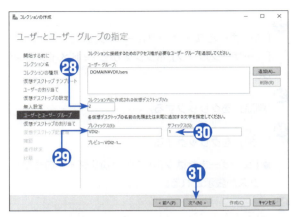

㉜ [仮想デスクトップの割り当ての指定] ページで、RD仮想化ホストサーバーに割り当てる仮想デスクトップの数を指定する。

㉝ [次へ] をクリックする。

㉞ [仮想デスクトップ記憶域の指定] ページで、仮想デスクトップを格納する場所を指定する。
● 本書では、次の値を使用する。
各RD仮想化ホストサーバーのストア

㉟ [各RD仮想化ホストサーバーのストア] ボックスに、RD仮想化ホストサーバーで仮想デスクトップを格納するパスを入力する。
● 本書では、次の値を使用する。
d:¥VM

㊱ [次へ] をクリックする。

ヒント
仮想デスクトップのサフィックス
仮想デスクトップのサフィックスで「1」を指定した場合、1台目の仮想デスクトップ名がVDI2-1、2台目の仮想デスクトップ名がVDI2-2のように、サフィックスが増加します。

ヒント
仮想デスクトップ記憶域の指定
ネットワーク上のSMB共有フォルダーに仮想デスクトップを格納する場合は [ネットワーク共有上のストア] を選択し、SMB共有フォルダーへのパスを入力します。仮想化ホストでクラスターが構成されており、クラスター共有ボリュームに仮想デスクトップを格納する場合は [クラスターの共有ボリューム（CSV）上のストア] を選択し、CSVの場所を指定します。

㊲ [選択内容の確認] ページで、[作成] をクリックする。

▶ [進行状況の表示] ページに、仮想デスクトップコレクションと仮想デスクトップの作成の進行状況が表示される。

㊳ [結果の表示] ページで、[閉じる] をクリックする。

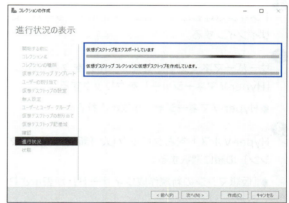

13 管理されていない仮想デスクトップを作成するには

管理されていない仮想デスクトップコレクションでは、既存の仮想デスクトップを仮想デスクトップコレクションにグループ化します。そのため、管理されていない仮想デスクトップコレクションを作成するには、既存の仮想デスクトップが必要になります。ここでは、Sysprep済みの仮想ハードディスクファイルを使用して、仮想デスクトップを作成する方法を紹介します。

管理されていない仮想デスクトップを作成する

❶ ドメイン管理者として、RD仮想化ホストサーバーにサインインする。

❷ サーバーマネージャーで［ツール］をクリックし、［Hyper-Vマネージャー］をクリックする。
　▶Hyper-Vマネージャーが表示される。

❸ Hyper-Vホストを右クリックし、［新規］、［仮想マシン］の順に選択する。
　▶［仮想マシンの新規作成ウィザード］が表示される。

❹ ［開始する前に］ページで、［次へ］をクリックする。

第3章 RDS/VDIの構成

❺
[名前と場所の指定]ページで、[名前]ボックスに仮想マシンの名前を入力する。
- 本書では、次の値を使用する。
  VDI3-1

❻
仮想マシンを既定の場所以外に作成する場合は、[仮想マシンを別の場所に格納する]チェックボックスをオンにし、[場所]ボックスに仮想マシンを作成するフォルダーのパスを入力する。
- 本書では、次の値を使用する。
  仮想マシンを別の場所に格納する：オン
  場所：D:¥VM¥

❼
[次へ]をクリックする。

❽
[世代の指定]ページで、仮想マシンの世代を指定する。
- 本書では、次の値を使用する
  第2世代

❾
[次へ]をクリックする。

❿
[メモリの割り当て]ページで、[起動メモリ]ボックスに仮想マシンで使用するメモリのサイズを指定する。
- 本書では、次の値を使用する。
  2048（MB）

⓫
[次へ]をクリックする。

⓬
[ネットワークの構成]ページで、[接続]ボックスから仮想マシンで使用する仮想スイッチを選択する。
- 本書では、次の値を使用する。
  RDS Virtual

⓭
[次へ]をクリックする。

ヒント
仮想マシンの作成場所

仮想マシンの場所を指定して仮想マシンを作成すると、仮想マシン名のフォルダーが作成され、そのフォルダー内に仮想マシン用のファイルがまとめて作成されます。場所を指定しない場合、既定のフォルダー内に仮想マシンが作成されます。

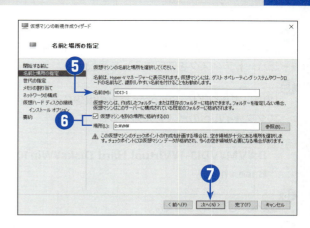

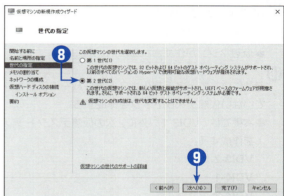

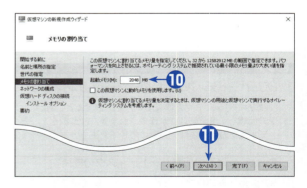

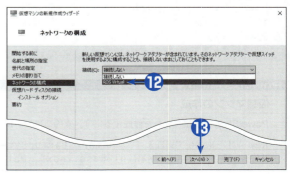

⓮ [仮想ハードディスクの接続] ページで、[既存の仮想ハードディスクを使用する] を選択する。

⓯ [場所] ボックスに、Sysprep済みの仮想ハードディスクファイルへのパスを入力する。
● 本書では、次の値を使用する。
  D:¥VM¥VDI3-1¥Virtual Hard Disks¥Win10Base.vhdx

⓰ [次へ] をクリックする。

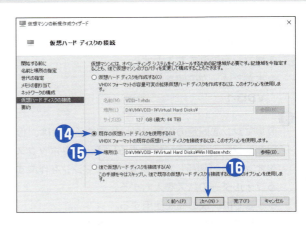

⓱ [仮想マシンの新規作成ウィザードの完了] ページで、[完了] をクリックする。
▶ 仮想マシンが作成される。

⓲ 必要に応じて、各仮想化ホストサーバーに管理されていない仮想デスクトップを作成する。
● 本書では、VDI3-1以外に、次の仮想デスクトップを作成する。
  VDI3-2
  VDI4-1
  VDI4-2

ヒント

[仮想ハードディスクの接続] ページのオプション

[仮想ハードディスクを作成する] を選択すると、容量可変の仮想ハードディスクが作成されます。また、仮想ハードディスクのサイズは、必要に応じて変更できます。

Sysprep済みの仮想ハードディスクの場所

Sysprep済みの仮想ハードディスクを直接指定することもできます。ただし、複数の仮想デスクトップで使用するには、Sysprep済みの仮想ハードディスクファイルをコピーしてから、コピーした仮想ハードディスクファイルを指定します。

PowerShell コマンドレット

仮想マシンの作成

PowerShellで仮想マシンを作成するには、次のコマンドレットを1行で入力し、実行します。

```
New-VM -Name "VDI3-1" -MemoryStartupBytes 2GB -VHDPath "D:¥VM¥VDI3-1¥➡
Virtual Hard Disks¥Win10Base.vhdx" -Path D:¥VM¥
```

14 管理されていない仮想デスクトップコレクションを作成するには

Windows ServerのVDIでは、ユーザーに仮想デスクトップを展開するために、仮想デスクトップコレクションを作成する必要があります。仮想デスクトップコレクションは、仮想デスクトップをグループ化したものです。ここでは、非管理対象のプールされた仮想デスクトップコレクションと個人用仮想デスクトップコレクションの作成方法を紹介します。

非管理対象のプールされた仮想デスクトップコレクションを作成する

❶ RD接続ブローカーサーバーのサーバーマネージャーで、[リモートデスクトップサービス]をクリックする。

❷ [コレクション]をクリックする。

❸ [コレクション]セクションで、[タスク]をクリックし、[仮想デスクトップコレクションの作成]を選択する。

➡ [コレクションの作成]ウィザードが表示される。

❹ [開始する前に]ページで、[次へ]をクリックする。

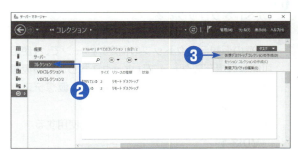

❺
[コレクション名の指定] ページで、[名前] ボックスにコレクション名を入力する。
- 本書では、次の値を使用する。
  VDIコレクション3

❻
[説明] ボックスにコレクションの説明を入力する。
- 本書では、次の値を使用する。
  非管理対象のプールされた仮想デスクトップコレクション

❼
[次へ] をクリックする。

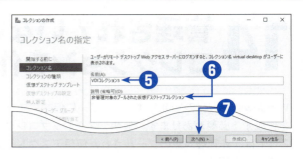

❽
[コレクションの種類の指定] ページで、[プールされた仮想デスクトップコレクション] が選択されていることを確認する。

❾
[仮想デスクトップを自動的に作成および管理する] チェックボックスをオフにする。

❿
[次へ] をクリックする。

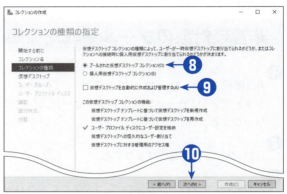

⓫
[既存の仮想デスクトップの指定] ページで、[使用可能な仮想デスクトップ] ボックスから、この仮想デスクトップコレクションで使用する仮想デスクトップを選択する。
- 本書では、次の仮想デスクトップを使用する。
  VDI3-1
  VDI3-2

⓬
[追加] をクリックする。
▶ [選択された仮想デスクトップ] ボックスに、選択した仮想デスクトップが表示される。

⓭
[次へ] をクリックする。

⓮

［ユーザーグループの指定］ページで、［ユーザーグループ］ボックスから［＜ドメイン名＞¥Domain Users］を選択する。

⓯

［削除］をクリックする。

⓰

［追加］をクリックする。

➡［ユーザーまたはグループの指定］ダイアログボックスが表示される。

⓱

［選択するオブジェクト名を入力してください］ボックスに、仮想デスクトップへの接続を許可するユーザーまたはグループの名前を入力する。

● 本書では、次の値を使用する。
　VDIUsers

⓲

［名前の確認］をクリックする。

⓳

［OK］をクリックする。

➡［ユーザーグループの指定］ページに戻る。

⓴

［次へ］をクリックする。

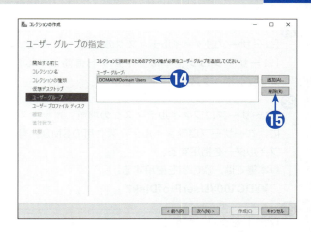

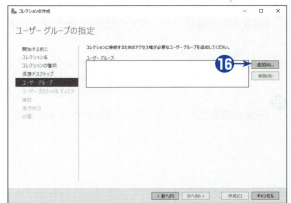

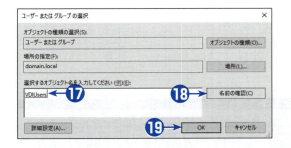

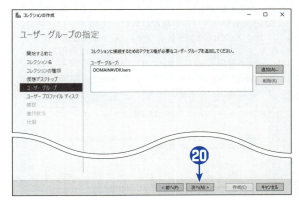

㉑ [ユーザープロファイルディスクの指定] ページで、[ユーザープロファイルディスクを有効にする] チェックボックスをオンにする。

㉒ [ユーザープロファイルディスクの場所] ボックスに、ユーザープロファイルディスク用のSMB共有フォルダーを指定する。
● 本書では、次の値を使用する。
¥¥DC100¥UserProfDisk2

㉓ [次へ] をクリックする。

㉔ [選択内容の確認] ページで、[作成] をクリックする。

▶ [進行状況の表示] ページに、仮想デスクトップコレクションの作成の進行状況が表示される。

㉕ [結果の表示] ページで、[閉じる] をクリックする。

ヒント

コレクションごとのユーザープロファイルディスク

ユーザープロファイルディスクを使用する場合、コレクションごとに異なるユーザープロファイルディスク用のSMB共有フォルダーを指定します。ユーザープロファイルディスク用のSMB共有フォルダーは複数のコレクションにまたがって使用できません。既に別のコレクションで使用されているユーザープロファイルディスク用のSMB共有フォルダーを指定すると、次のエラーメッセージが表示されます。

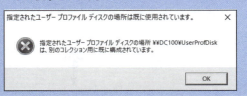

非管理対象の個人用仮想デスクトップコレクションを作成する

❶ RD接続ブローカーサーバーのサーバーマネージャーで、[リモートデスクトップサービス]をクリックする。

❷ [コレクション]をクリックする。

❸ [コレクション]セクションで、[タスク]をクリックし、[仮想デスクトップコレクションの作成]を選択する。
  ▶ [コレクションの作成]ウィザードが表示される。

❹ [開始する前に]ページで、[次へ]をクリックする。

❺ [コレクション名の指定]ページで、[名前]ボックスにコレクション名を入力する。
  ● 本書では、次の値を使用する。
    VDIコレクション4

❻ [説明]ボックスにコレクションの説明を入力する。
  ● 本書では、次の値を使用する。
    非管理対象の個人用仮想デスクトップコレクション

❼ [次へ]をクリックする。

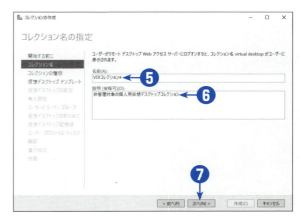

❽ ［コレクションの種類の指定］ページで、［個人用仮想デスクトップコレクション］を選択する。

❾ ［仮想デスクトップを自動的に作成および管理する］チェックボックスをオフにする。

❿ ［次へ］をクリックする。

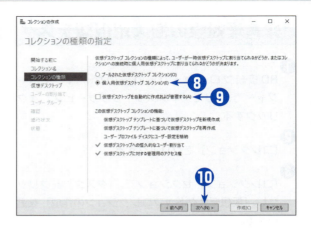

⓫ ［既存の仮想デスクトップの指定］ページで、［使用可能な仮想デスクトップ］ボックスから、この仮想デスクトップコレクションで使用する仮想デスクトップを選択する。
● 本書では、次の仮想デスクトップを使用する。
　　VDI4-1
　　VDI4-2

⓬ ［追加］をクリックする。
➡ ［選択された仮想デスクトップ］ボックスに、選択した仮想デスクトップが表示される。

⓭ ［次へ］をクリックする。

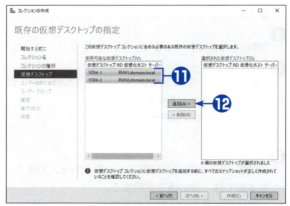

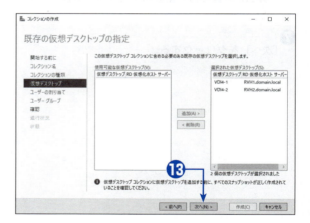

❶❹
[ユーザーの割り当て] ページで、仮想デスクトップをユーザーに自動的に割り当てるかどうかを指定する。
- 本書では、次の値を使用する。
  自動ユーザー割り当てを有効にする

❶❺
[仮想デスクトップのローカルのAdministratorsグループにユーザーアカウントを追加する] チェックボックスをオンにする。

❶❻
[次へ] をクリックする。

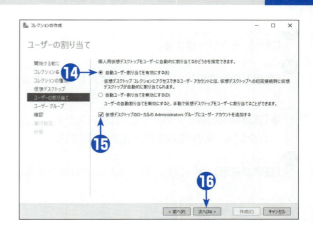

❶❼
[ユーザーグループの指定] ページで、[ユーザーグループ] ボックスから<ドメイン名>¥Domain Usersを選択する。

❶❽
[削除] をクリックする。

❶❾
[追加] をクリックする。
- ▶ [ユーザーまたはグループの指定]ダイアログボックスが表示される。

❷⓪
[選択するオブジェクト名を入力してください] ボックスに、仮想デスクトップへの接続を許可するユーザーまたはグループの名前を入力する。
- 本書では、次の値を使用する。
  VDIUsers

❷❶
[名前の確認] をクリックする。

❷❷
[OK] をクリックする。
- ▶ [ユーザーグループの指定] ページに戻る。

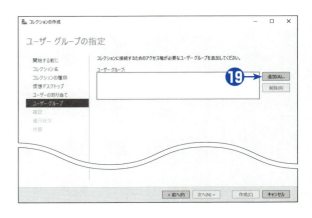

ヒント
仮想デスクトップの管理
仮想デスクトップの管理をユーザーに任せる場合は、[仮想デスクトップのローカルのAdministratorsグループにユーザーアカウントを追加する] チェックボックスをオンにします。仮想デスクトップの管理を管理者で実行し、ユーザーの操作を制限したい場合は、このチェックボックスをオフにします。

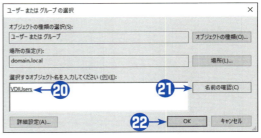

㉓ [次へ] をクリックする。

㉔ [選択内容の確認] ページで、[作成] をクリックする。

　▶ [進行状況の表示] ページに、仮想デスクトップコレクションの作成の進行状況が表示される。

㉕ [結果の表示] ページで、[閉じる] をクリックする。

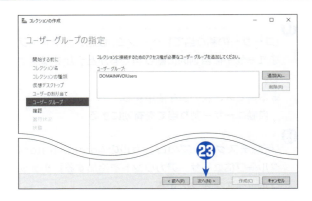

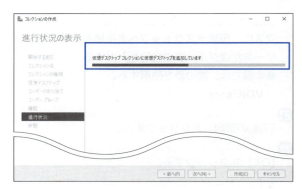

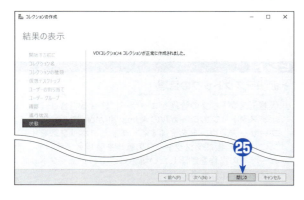

15 仮想デスクトップコレクションのプロパティを構成するには

仮想デスクトップコレクションのプロパティでは、仮想デスクトップコレクションの名前やクライアントデバイスのリダイレクト設定などを変更できます。ここでは、仮想デスクトップコレクションのプロパティを構成する方法を紹介します。

仮想デスクトップコレクションのプロパティを構成する

❶ RD接続ブローカーサーバーのサーバーマネージャーで、[リモートデスクトップサービス]をクリックする。

❷ 仮想デスクトップコレクション名をクリックする。
● 本書では、次の仮想デスクトップコレクションを使用する。
  VDIコレクション1

❸ [プロパティ]セクションで、[タスク]をクリックし、[プロパティの編集]を選択する。
▶ [<コレクション名>プロパティ]ダイアログボックスが表示される。

❹ [全般]をクリックする。

❺ [全般]ページで、[名前]ボックスに新しいコレクション名を入力する。
● 本書では、次の値を使用する。
  VDI管理プールコレクション

❻ [RD Webアクセスで表示]で、仮想デスクトップコレクションをRD Webアクセスに表示するかどうかを指定する。
● 本書では、次の値を使用する。
  はい

❼ [仮想デスクトップ] をクリックして、現在の仮想デスクトップの構成を確認する。

❽ [ユーザーグループ] をクリックして、仮想デスクトップコレクションにアクセスできるユーザーまたはグループを確認する。

❾ [クライアント] をクリックする。

❿ [クライアント設定] ページで、仮想デスクトップコレクションの仮想デスクトップでリダイレクトできるクライアントデバイスを指定する。
● 本書では、次の値を使用する。
　　オーディオおよびビデオの再生：オフ
　　オーディオ録音：オフ
　　他のすべての項目：オン

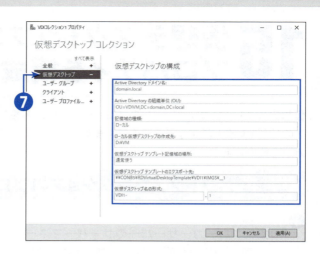

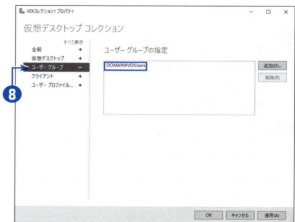

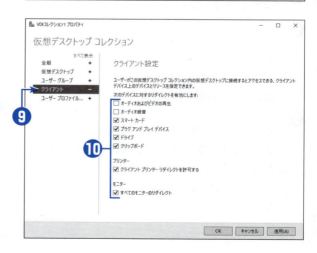

ヒント

[仮想デスクトップ] の表示

管理されていない仮想デスクトップコレクションのプロパティダイアログボックスには、仮想デスクトップの構成を確認するための [仮想デスクトップ] は表示されません。

⓫ [ユーザープロファイルディスク] をクリックして、現在のユーザープロファイルディスクの設定を確認する。

⓬ [OK] をクリックする。

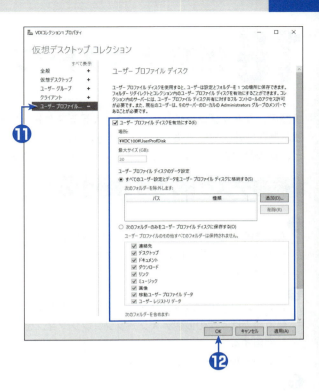

ヒント
[ユーザープロファイルディスク] の表示

個人用仮想デスクトップコレクションのプロパティダイアログボックスには、ユーザープロファイルディスクの場所やユーザープロファイルディスクに格納するユーザー情報を指定するための [ユーザープロファイルディスク] は表示されません。

16 仮想デスクトップを管理するには

仮想デスクトップコレクションでは、仮想デスクトップを管理できます。ここでは、仮想デスクトップの起動方法、保存方法、削除方法、追加方法を紹介します。また、個人用仮想デスクトップをユーザーに割り当てる方法と、管理対象のプールされた仮想デスクトップを再作成する方法も紹介します。

仮想デスクトップを起動する

❶ RD接続ブローカーサーバーのサーバーマネージャーで、[リモートデスクトップサービス]をクリックする。

❷ 仮想デスクトップコレクション名をクリックする。
● 本書では、次の仮想デスクトップコレクションを使用する。
VDI管理プールコレクション

❸ [仮想デスクトップ]セクションで、仮想デスクトップを右クリックし、[仮想デスクトップの起動]を選択する。
● 本書では、次の仮想デスクトップを使用する。
VDI1-1

▶ 仮想デスクトップが起動する。

仮想デスクトップを保存する

❶ RD接続ブローカーサーバーのサーバーマネージャーで、[リモートデスクトップサービス]をクリックする。

❷ 仮想デスクトップコレクション名をクリックする。
● 本書では、次の仮想デスクトップコレクションを使用する。
VDI管理プールコレクション

❸ [仮想デスクトップ] セクションで、実行中の仮想デスクトップを右クリックし、[仮想デスクトップの保存] を選択する。
● 本書では、次の仮想デスクトップを使用する。
VDI1-1
▶ 仮想デスクトップが保存される。

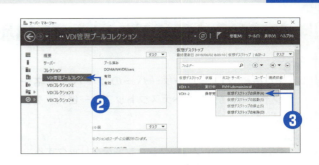

仮想デスクトップを削除する

❶ RD接続ブローカーサーバーのサーバーマネージャーで、[リモートデスクトップサービス] をクリックする。

❷ 仮想デスクトップコレクション名をクリックする。
● 本書では、次の仮想デスクトップコレクションを使用する。
VDI管理プールコレクション

❸ [仮想デスクトップ] セクションで、実行中の仮想デスクトップを右クリックし、[仮想デスクトップの削除] を選択する。
● 本書では、次の仮想デスクトップを使用する。
VDI1-2
▶ [仮想デスクトップの削除]ダイアログボックスが表示される。

❹ [はい] をクリックする。
▶ 仮想デスクトップが削除される。

ヒント
仮想デスクトップの削除
管理されているプールされた仮想デスクトップコレクションの仮想デスクトップを削除すると、仮想化ホストから仮想マシンが削除されます。管理された個人用仮想デスクトップコレクションや、管理されていない仮想デスクトップコレクションやから仮想デスクトップを削除する場合は、仮想化ホストから仮想デスクトップが削除されません。

管理対象の仮想デスクトップを追加する

❶ RD接続ブローカーサーバーのサーバーマネージャーで、[リモートデスクトップサービス]をクリックする。

❷ 仮想デスクトップコレクション名をクリックする。
● 本書では、次の仮想デスクトップコレクションを使用する。
VDI管理プールコレクション

❸ [仮想デスクトップ]セクションで、[タスク]をクリックし、[仮想デスクトップの追加]を選択する。
▶ [仮想デスクトップの追加]ウィザードが表示される。

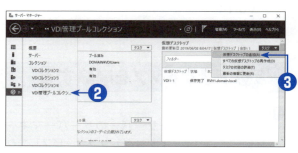

❹ [仮想デスクトップの追加]ページで、[追加する仮想デスクトップの数]ボックスに、仮想デスクトップコレクションに追加する仮想デスクトップの数を指定する。
● 本書では、次の値を使用する。
1

❺ [次へ]をクリックする。

❻ [仮想デスクトップの割り当ての指定]ページで、RD仮想化ホストサーバーに割り当てる仮想デスクトップの数を指定する。
● 本書では、RVH2.domain.local RD仮想化ホストサーバーに次の仮想デスクトップ数を割り当てる。
1

❼ [次へ]をクリックする。

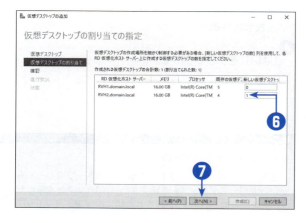

❽ ［選択内容の確認］ページで、［作成］をクリックする。

▶ ［進行状況の表示］ページに、仮想デスクトップの作成の進行状況が表示される。

❾ ［結果の表示］ページで、［閉じる］をクリックする。

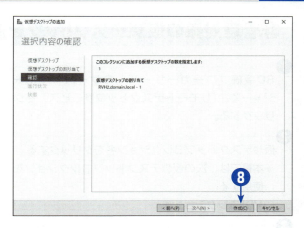

非管理対象の仮想デスクトップを追加する

❶ RD接続ブローカーサーバーのサーバーマネージャーで、[リモートデスクトップサービス]をクリックする。

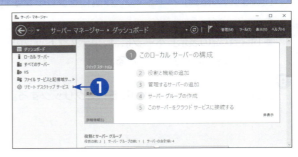

❷ 仮想デスクトップコレクション名をクリックする。
● 本書では、次の仮想デスクトップコレクションを使用する。
VDIコレクション4

❸ [仮想デスクトップ]セクションで、[タスク]をクリックし、[仮想デスクトップの追加]を選択する。
▶ [仮想デスクトップの追加]ダイアログボックスが表示される。

❹ [使用可能な仮想デスクトップ]ボックスから、この仮想デスクトップコレクションで使用する仮想デスクトップを選択する。
● 本書では、次の仮想デスクトップを使用する。
VDI4-2

❺ [追加]をクリックする。
▶ [選択された仮想デスクトップ]ボックスに、選択した仮想デスクトップが表示される。

❻ [OK]をクリックする。

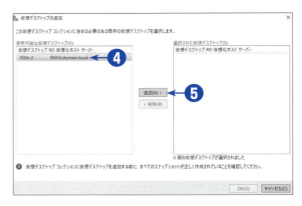

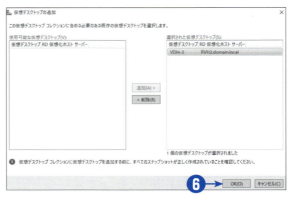

個人用仮想デスクトップをユーザーに割り当てる

❶ RD接続ブローカーサーバーのサーバーマネージャーで、[リモートデスクトップサービス]をクリックする。

❷ 仮想デスクトップコレクション名をクリックする。
- 本書では、次の仮想デスクトップコレクションを使用する。
  VDIコレクション2

❸ [仮想デスクトップ]セクションで、ユーザーに割り当てたい仮想デスクトップを右クリックし、[仮想デスクトップの割り当て]を選択する。
- 本書では、次の仮想デスクトップを使用する。
  VDI2-1
▶ [仮想デスクトップをユーザーに割り当てます]ダイアログボックスが表示される。

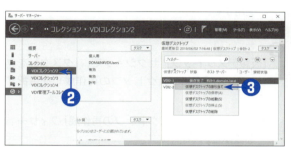

❹ [参照]をクリックする。
▶ [ユーザーの選択]ダイアログボックスが表示される。

❺ [選択するオブジェクト名を入力してください]ボックスに、仮想デスクトップを割り当てるユーザーのユーザー名を入力する。
- 本書では、次の値を使用する。
  Miya

❻ [名前の確認]をクリックする。

❼ [OK]をクリックする。
▶ [仮想デスクトップをユーザーに割り当てます]ダイアログボックスに戻る。

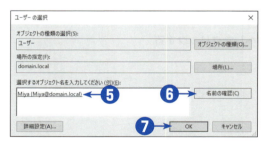

❽ [割り当て]をクリックする。
▶ 仮想デスクトップがユーザーに割り当てられる。

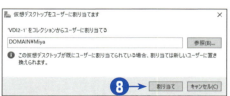

ヒント

個人用仮想デスクトップの割り当て

個人用仮想デスクトップの割り当ては、管理対象および非管理対象の個人用仮想デスクトップで行えます。プールされた仮想デスクトップでは、事前に仮想デスクトップをユーザーに割り当てることはできません。

管理対象のプールされたすべての仮想デスクトップを再作成する

❶ RD接続ブローカーサーバーのサーバーマネージャーで、[リモートデスクトップサービス]をクリックする。

❷ 管理対象のプールされた仮想デスクトップコレクションのコレクション名をクリックする。
- 本書では、次の仮想デスクトップコレクションを使用する。
  VDI管理プールコレクション

❸ [仮想デスクトップ]セクションで、[タスク]をクリックし、[仮想デスクトップの再作成]を選択する。
- ▶ [すべての仮想デスクトップの再作成]ウィザードが表示される。

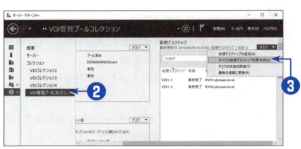

❹ [仮想デスクトップテンプレートの指定]ページで、[使用可能な仮想デスクトップテンプレート]ボックスから仮想デスクトップテンプレートを選択する。
- 本書では、次の仮想デスクトップテンプレートを使用する。
  Win10Base

❺ [次へ]をクリックする。

❻ ［ユーザーのログオフポリシーを指定します］ページ
で、［スケジュールに基づく］を選択する。

❼ ［仮想デスクトップを今すぐ再作成し、すべてのユー
ザーをログオフする］が選択されていることを確認
する。

❽ ［次へ］をクリックする。

❾ ［選択内容の確認］ページで、［作成］をクリックす
る。

　▶ ［進行状況の表示］ページに、仮想デスクトップの
　　再作成の進行状況が表示される。

❿ ［結果の表示］ページで、［閉じる］をクリックする。

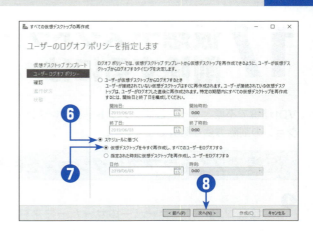

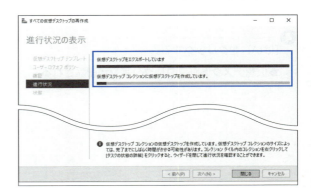

ヒント

ユーザーが接続している仮想デスクトップの再作成

ユーザーが仮想デスクトップに接続しているときには、
［ユーザーが仮想デスクトップからログオフするとき］を
選択すると、ユーザーがログオフしたときに仮想デスク
トップを再作成できます。

仮想デスクトップの再作成のスケジュール

［指定された時刻に仮想デスクトップを再作成し、ユー
ザーをログオフする］を選択すると、ほとんどのユーザー
が仮想デスクトップを利用していない夜中などに、仮想
デスクトップの再作成をスケジュールできます。

仮想デスクトップテンプレートの格納場所

仮想デスクトップテンプレートのエクスポート先の空き
ディスク容量が十分にない場合、仮想デスクトップテン
プレートのコピーに失敗し、仮想デスクトップの再作成
が失敗します。

17 仮想デスクトップコレクションを削除するには

VDI環境で不要となった仮想デスクトップコレクションは、削除できます。ここでは、仮想デスクトップコレクションの削除方法を紹介します。

仮想デスクトップコレクションを削除する

❶ RD接続ブローカーサーバーのサーバーマネージャーで、[リモートデスクトップサービス]をクリックする。

❷ [コレクション]をクリックする。

❸ [コレクション]セクションで、削除したいコレクションを右クリックし、[コレクションの削除]を選択する。
- 本書では、次の仮想デスクトップコレクションを削除する。
  VDIコレクション4
▶ 確認のメッセージボックスが表示される。

❹ [はい]をクリックする。
▶ 仮想デスクトップコレクションが削除される。

第3章　RDS/VDIの構成

18 仮想デスクトップコレクションがある環境でRD仮想化ホストサーバーを削除するには

VDI環境で、サーバーのリプレースなどにより、RD仮想化ホストサーバーが必要なくなった場合には、RD仮想化ホストサーバーを削除できます。RD仮想化ホストサーバーを削除するには、最初にすべての仮想デスクトップコレクションからRD仮想化ホストサーバーを使用している仮想デスクトップを削除する必要があります。ここでは、仮想デスクトップコレクションがある環境でRD仮想化ホストサーバーの削除方法を紹介します。

RD仮想化ホストサーバーを削除する

❶ RD接続ブローカーサーバーのサーバーマネージャーで、[リモートデスクトップサービス] をクリックする。

❷ [コレクション] をクリックする。

❸ [ホストサーバー] セクションで、[タスク] をクリックし、[RD仮想化ホストサーバーの削除] を選択する。

▶ [RD仮想化ホストサーバーの削除] ウィザードが表示される。

❹ [サーバーの選択] ページで、[サーバープール] ボックスから削除したいRD仮想化ホストサーバーを選択する。

❺ 右矢印（▶）をクリックする。

▶ [選択済み] ボックスに、選択したサーバーが表示される。

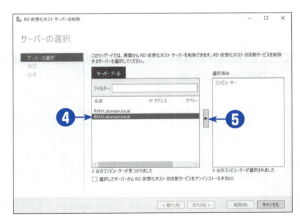

❻ 選択したサーバーを再びRD仮想化ホストサーバーとして利用する必要がない場合は、[選択したサーバーからRD仮想化ホストの役割サービスをアンインストールする]チェックボックスをオンにする。

❼ [次へ]をクリックする。

❽ [選択内容の確認]ページで、[必要に応じてリモートコンピューターを再起動する]チェックボックスをオンにする。

❾ [削除]をクリックする。
　▶[進行状況の表示]ページに、RD仮想化ホストの役割サービスの削除状況が表示される。

❿ [閉じる]をクリックする。

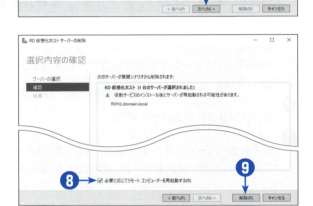

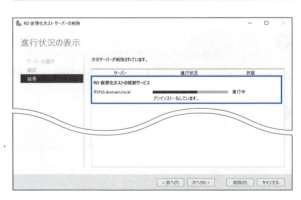

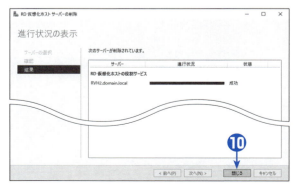

ヒント
RD仮想化ホストサーバーの削除

RD仮想化ホストサーバーを削除するには、最初にRD仮想化ホストサーバーで実行されている仮想デスクトップを削除する必要があります。RD仮想化ホストサーバーで仮想デスクトップを実行している場合には、次のエラーメッセージが表示され、RD仮想化ホストサーバーを削除できません。

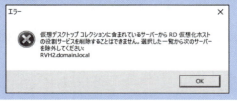

RemoteAppプログラムと仮想デスクトップへの接続

第 4 章

1 Microsoft Edge で RemoteApp プログラムへアクセスするには

2 Web フィードで RemoteApp プログラムへアクセスするには

3 リモートデスクトップアプリで RemoteApp プログラムへアクセスするには

4 VDI環境で RemoteApp プログラムを公開するには

5 VDI環境で RemoteApp プログラムを構成するには

6 VDI環境で RemoteApp プログラムを非公開にするには

7 Microsoft Edge で仮想デスクトップへアクセスするには

8 Web フィードで仮想デスクトップへアクセスするには

9 リモートデスクトップアプリで仮想デスクトップへアクセスするには

10 リモートデスクトップ接続を管理するには（RDS）

11 リモートデスクトップ接続を管理するには（VDI）

この章では、セッションベースのリモートデスクトップサービス（RDS）および仮想マシンベースのリモートデスクトップサービス（VDI）へクライアントコンピューターから接続する方法を紹介します。また、リモートデスクトップ接続を管理する方法も紹介します。

1 Microsoft EdgeでRemoteAppプログラムへアクセスするには

ここでは、Microsoft Edgeを使用してRemoteAppプログラムへアクセスする方法を紹介します。

Microsoft EdgeからRemoteAppプログラムへアクセスする

❶ RD WebアクセスのWebサイトへアクセスする権限のあるユーザーで、クライアントコンピューターにサインインする。

❷ タスクバーで、[Microsoft Edge] アイコンをクリックする。

❸ アドレスバーに、RD WebアクセスのWebサイトのURLを入力する。
- 本書では、次の値を使用する。
  https://weba6.domain.local/RDWeb
- Microsoft Edgeに、RD Webアクセスへのサインインページが表示される。

❹ [ドメイン¥ユーザー名] ボックスに、RD WebアクセスのWebサイトにアクセスする権限のあるユーザー名を「<ドメイン名>¥<ユーザー名>」の形式で入力する。

❺ [パスワード] ボックスに、入力したユーザーのパスワードを入力する。

❻ [サインイン] をクリックする。
- ユーザーが利用可能なRemoteAppプログラムが表示される。

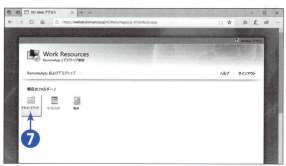

❼ 目的のRemoteAppプログラムまたはRemoteAppプログラムフォルダーをクリックする。
- 本書では、次の値を使用する。
  テキストエディター

第4章　RemoteAppプログラムと仮想デスクトップへの接続

❽ RemoteAppプログラムフォルダーをクリックした場合は、目的のRemoteAppプログラムをクリックする。
● 本書では、次の値を使用する。
　メモ帳
➡ 選択した項目に対する操作の選択肢が表示される。

❾ [開く] をクリックする。
➡ 目的のRemoteAppプログラムが表示される。

メモ帳が起動した

ヒント

[RemoteApp] ダイアログボックス

RemoteAppプログラムの発行元が信頼できるかを確認する [RemoteApp] ダイアログボックスが表示された場合は、[この発行元からのリモート接続について今後確認しない] チェックボックスをオンにしてから、[接続] をクリックします。

2 WebフィードでRemoteAppプログラムへアクセスするには

スタートメニューにRemoteAppプログラムを表示するには、Webフィードを設定します。Webフィードは、クライアントコンピューター上で設定したり、グループポリシーを使用して設定したりできます。ここでは、クライアントコンピューター上でのWebフィードの設定方法と、グループポリシーを使用したWebフィードの設定方法を紹介します。

クライアントコンピューターでWebフィードを設定する

❶ RD WebアクセスのWebサイトへアクセスする権限のあるユーザーで、クライアントコンピューターにサインインする。

❷ タスクバーの[検索]ボックスに **control** と入力し、Enterキーを押す。
▶ コントロールパネルが表示される。

❸ [表示方法]の右にある三角(▼)をクリックし、[小さいアイコン]を選択する。

❹ [RemoteAppとデスクトップ接続]をクリックする。
▶ [RemoteAppとデスクトップ接続]ウィンドウが表示される。

❺ [RemoteAppとデスクトップにアクセスする]をクリックする。
▶ [RemoteAppとデスクトップにアクセスする]ウィザードが表示される。

❻ ［電子メールアドレスまたは接続URLを入力してください］ページで、［電子メールアドレスまたは接続URL］ボックスにWebフィードのURLを入力する。
● 本書では、次の値を使用する。
　https://weba6.domain.local/RDWeb/Feed

❼ ［次へ］をクリックする。

❽ ［接続を設定する準備ができました］ページで、［次へ］をクリックする。
▶ 初回設定時には［Windowsセキュリティ］ダイアログボックスが表示される。

❾ ［ユーザー名］および［パスワード］ボックスに適切な資格情報を入力する。

❿ ［このアカウントを記憶する］チェックボックスをオンにする。

⓫ ［OK］をクリックする。

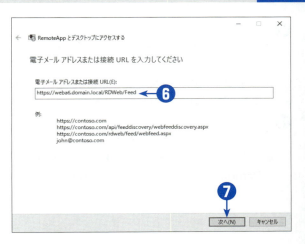

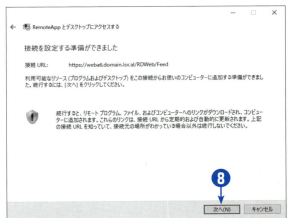

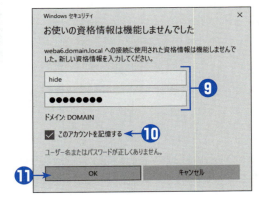

⓬
［次の接続が正常に設定されました］ページで、［完了］をクリックする。
▶Webフィードが設定され、［RemoteAppとデスクトップ接続］ウィンドウに戻る。

⓭
スタートボタンをクリックする。
▶スタートメニューの［Work Resources］にRemoteAppプログラムが表示される。

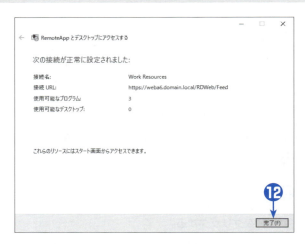

Webフィードが設定された

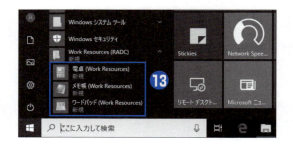

クライアントコンピューターでWebフィードを削除する

❶ [RemoteAppとデスクトップ接続] ウィンドウで、[削除] をクリックする。
▶ 接続の削除の確認を要求する [接続の削除] ダイアログボックスが表示される。

❷ [はい] をクリックする。
▶ 接続が削除されたことを示す [接続の削除] ダイアログボックスが表示される。

❸ [閉じる] をクリックする。
▶ スタートメニューからRemoteAppプログラムが削除される。

❹ [RemoteAppとデスクトップ接続] ウィンドウを閉じる。

ヒント

**[RemoteAppとデスクトップ接続]
ウィンドウの表示**

[RemoteAppとデスクトップ接続] ウィンドウが表示されない場合は、前項「クライアントコンピューターでWebフィードを設定する」の手順❷～❹を実行します。

グループポリシーでWebフィードを設定する

❶ ドメインの管理者としてドメインコントローラーにサインインする。

❷ サーバーマネージャーで［ツール］をクリックし、［グループポリシーの管理］を選択する。
▶［グループポリシーの管理］ウィンドウが表示される。

❸［フォレスト:<フォレスト名>］、［ドメイン］、［<ドメイン名>］、［グループポリシーオブジェクト］の順に展開する。

❹ 適切なGPOを右クリックし、［編集］を選択する。
●本書では、次の値を使用する
Default Domain Policy
▶グループポリシー管理エディターが表示される。

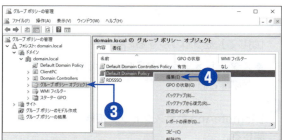

❺［ユーザーの構成］、［ポリシー］、［管理用テンプレート］、［Windowsコンポーネント］、［リモートデスクトップサービス］、［RemoteAppとデスクトップ接続］の順に展開する。

❻［既定の接続URLを指定する］を右クリックし、［編集］をクリックする。
▶［既定の接続URLを指定する］ダイアログボックスが表示される。

❼［有効］を選択する。

❽［既定の接続URL］ボックスに、WebフィードのURLを入力する。
●本書では、次の値を使用する。
https://weba6.domain.local/RDWeb/Feed

❾［OK］をクリックする。

❿ グループポリシー管理エディターを閉じる。

⓫［グループポリシーの管理］ウィンドウを閉じる。

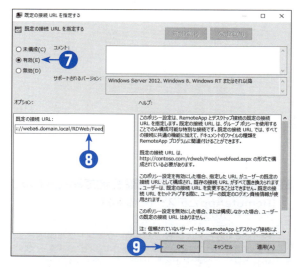

グループポリシーのWebフィード設定を適用する

❶ RD WebアクセスのWebサイトへアクセスする権限のあるユーザーで、クライアントコンピューターにサインインする。

❷ タスクバーの[検索]ボックスに **cmd** と入力し、Enterキーを押す。

▶[コマンドプロンプト]ウィンドウが表示される。

❸ **gpupdate /force** と入力し、Enterキーを押す。

▶グループポリシーが更新される。

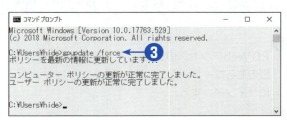

❹ スタートボタンをクリックする。

▶スタートメニューの[Work Resources]にRemoteAppプログラムが表示される。

3 リモートデスクトップアプリでRemote Appプログラムへアクセスするには

RemoteAppプログラムへは、リモートデスクトップアプリからもアクセスできます。ここでは、リモートデスクトップアプリを使用したRemoteAppプログラムへの接続方法を紹介します。

リモートデスクトップアプリでRemoteAppプログラムに接続する

❶ RD WebアクセスのWebサイトへアクセスする権限のあるユーザーで、クライアントコンピューターにサインインする。

❷ スタートボタンをクリックし、[リモートデスクトップ]タイルをクリックする。
▶[リモートデスクトップ]画面が表示される。

❸ [追加]をクリックする。

❹ [リモートリソース]をクリックする。

❺ [フィードのURL]ボックスに、WebフィードのURLを入力する。
● 本書では、次の値を使用する。
　https://weba6.domain.local/RDWeb/Feed

❻ [フィードの検索]をクリックする。

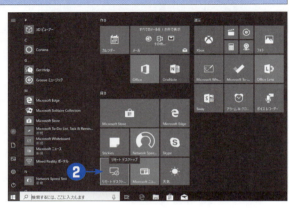

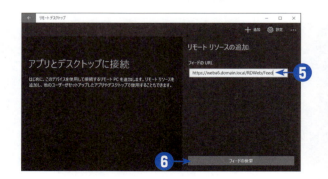

ヒント
リモートデスクトップアプリが見つからないときは

ここではWindows 10が稼動するクライアントコンピューターからストアアプリ版のリモートデスクトップアプリを使ってRemoteAppプログラムに接続する手順を説明しています。Windows 10にリモートデスクトップアプリがインストールされていないときは、Microsoft Storeから「Microsoftリモートデスクトップ」アプリをインストールします。

❼ [ユーザーアカウント] の横にある [+] 記号をクリックする。

❽ [ユーザー名]、[パスワード]、[表示名] ボックスに適切な資格情報を入力する。

❾ [保存] をクリックする。

❿ [フィードの追加] をクリックする。

  ▶ [リモートデスクトップ] 画面に、RemoteApp プログラムが表示される。

仮想デスクトップへの接続方法とVDI環境のRemoteAppプログラム

Windows ServerのVDI環境では、クライアントコンピューターでリモートデスクトップ接続クライアントを使用して直接仮想デスクトップに接続することもできますが、RD WebアクセスサーバーのRD Webサイトから仮想デスクトップへ接続したり、Webフィードを使用してスタート画面から仮想デスクトップへ接続したりできます。また、仮想デスクトップ内にインストールされているアプリケーションをRD WebアクセスサーバーのRD Webサイトに公開することも可能です。

仮想デスクトップへの接続方法

Windows ServerのVDI環境で仮想デスクトップにアクセスする方法は、大きく分けて2つあります。1つはWebブラウザーを使用してRD WebアクセスサーバーのRD Webサイトを参照し、Webページで仮想デスクトップコレクションをクリックして仮想デスクトップに接続する方法です。もう1つは、RD WebアクセスサーバーのWebフィードを使用して、スタートメニューから仮想デスクトップに接続する方法です。

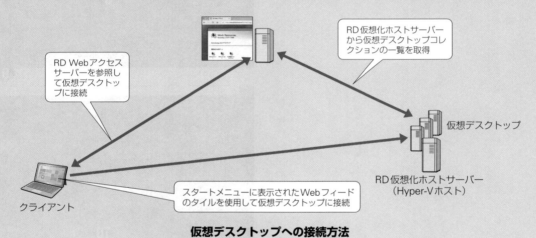

仮想デスクトップへの接続方法

RD Webアクセス

RD Webアクセスは、ユーザーがRDセッションホストサーバーのアプリケーションやRD仮想化ホストサーバーの仮想デスクトップにアクセスするためのWebサイトを提供します。RD Webアクセスサーバーは、RDセッションホストサーバーやRD仮想化ホストサーバーからRemoteAppプログラムや仮想デスクトップコレクションの一覧を取得します。ユーザーがRD WebアクセスサーバーのRD Webサイトにアクセスすると、RemoteAppプログラムや仮想デスクトップコレクションのアイコンが表示されます。RD Webサイトで目的の仮想デスクトップコレクションのアイコンをクリックすると、ユーザーは仮想デスクトップに接続できます。

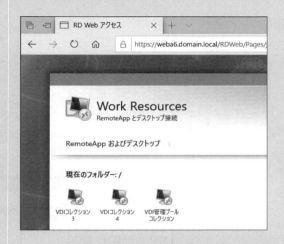

Webフィード

Windowsクライアントでは、Webフィードを使用して、RemoteAppプログラムや仮想デスクトップにアクセスできます。Webフィードでは、Windows 10のスタートメニューにRemoteAppプログラムや仮想デスクトップコレクションが表示されます。仮想デスクトップコレクションをクリックすると、ユーザーは仮想デスクトップに接続できます。

また、Webフィードにアクセスするための RD Web アクセスサーバーの URL は、リモートデスクトップアプリでも使用できます。リモートデスクトップアプリで Web フィードの URL を設定すると、リモートデスクトップアプリから仮想デスクトップへ接続できるようになります。

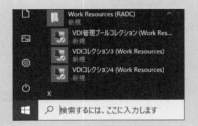

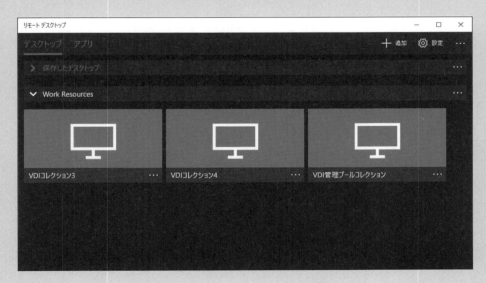

VDI環境のRemoteAppプログラム

VDI環境では、仮想デスクトップにインストールされているアプリケーションを、RD Webアクセスサーバーで RemoteApp プログラムとして公開することもできます。RemoteApp プログラムの公開は、仮想デスクトップコレクションごとに設定できます。ただし、仮想デスクトップコレクションでRemoteApp プログラムを公開すると、仮想デスクトップコレクション内の仮想デスクトップが RD Web アクセスサーバーの RD Web サイトに表示されなくなります。したがって、VDI環境での RemoteApp プログラムを公開には注意が必要です。RemoteApp プログラムの詳細については、第3章のコラム「RemoteApp プログラムとは」を参照してください。

4 VDI環境でRemoteAppプログラムを公開するには

VDI環境では、仮想デスクトップにインストールされているアプリケーションをRemoteAppプログラムとして公開できます。ここでは、VDI環境でRemoteAppプログラムを公開する方法を紹介します。

VDI環境でRemoteAppプログラムを公開する

❶ RD接続ブローカーサーバーのサーバーマネージャーで、[リモートデスクトップサービス]をクリックする。

❷ RemoteAppプログラムを公開したい仮想デスクトップコレクションのコレクション名をクリックする。
- 本書では、次の仮想デスクトップコレクションを使用する。
  VDI管理プールコレクション

❸ [RemoteAppプログラム]セクションで、[タスク]をクリックし、[RemoteAppプログラムの公開]を選択する。
▶ [RemoteAppプログラムの公開]ウィザードが表示される。

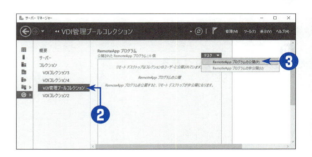

❹ [仮想デスクトップの選択]ページで、RemoteAppプログラムの一覧を取得する仮想デスクトップを選択する。
- 本書では、次の仮想デスクトップを使用する。
  VDI1-1

❺ [次へ]をクリックする。

❻ [RemoteApp プログラムの選択] ページで、コレクションに公開したいアプリケーションのチェックボックスをオンにする。
● 本書では、次の値を使用する。
Word 2013
ワードパッド

❼ [追加] をクリックする。
▶ [開く] ダイアログボックスが表示される。

❽ コレクションに公開したいアプリケーションを選択する。
● 本書では、次の値を使用する。
¥¥VDI1-1¥c$¥Windows¥System32¥notepad

❾ [開く] をクリックする。
▶ [RemoteApp プログラムの選択] ページに戻る。

❿ [次へ] をクリックする。

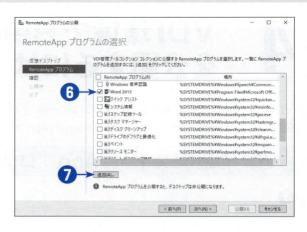

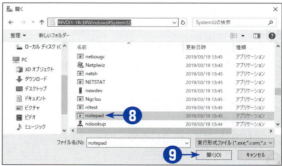

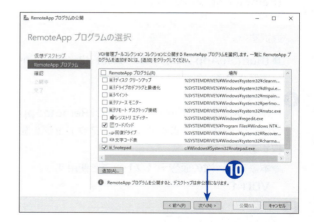

⓫ [確認]ページで、[公開]をクリックする。
▶ [公開中]ページに、RemoteAppプログラムの公開状況が表示される。

⓬ [完了]ページで、[閉じる]をクリックする。

注意

VDI環境でのRemoteAppプログラムの公開

VDI環境の仮想デスクトップコレクションでRemoteAppプログラムを公開すると、RD Webアクセスに仮想デスクトップコレクションが表示されなくなります。RD Webアクセスに仮想デスクトップコレクションを表示するには、仮想デスクトップコレクションですべてのRemoteAppプログラムを非公開にします。

VDI環境でRemoteAppプログラムを構成するには

公開したRemoteAppプログラムは、名前を変更したり、RemoteAppプログラムフォルダーにまとめたりできます。RemoteAppプログラムの構成方法を紹介します。

VDI環境でRemoteAppプログラムを編集する

❶ RD接続ブローカーサーバーのサーバーマネージャーで、[リモートデスクトップサービス]をクリックする。

❷ 仮想デスクトップコレクション名をクリックする。
- 本書では、次の仮想デスクトップコレクションを使用する。
  VDI管理プールコレクション

❸ [RemoteAppプログラム]セクションで、編集したいRemoteAppプログラムを右クリックし、[プロパティの編集]を選択する。
- 本書では、次の値を使用する。
  Word 2013
- ➡ [プロパティ]ダイアログボックスが表示される。

❹ [全般]ページで、[RemoteAppプログラムの名前]ボックスに、RemoteAppプログラムの名前を入力する。
- 本書では、次の値を使用する。
  VDI1-1 Word 2013

❺ [RemoteAppプログラムフォルダー]ボックスに、RD WebアクセスサーバーでRemoteAppプログラムをまとめるフォルダー名を入力する。
- 本書では、次の値を使用する。
  Office

❻ [パラメーター] をクリックし、[コマンドラインパラメーター] ページで、必要に応じてコマンドラインパラメーターを設定する。

❼ [ユーザーの割り当て] をクリックし、[ユーザーの割り当て] ページで、必要に応じてRemoteAppプログラムにアクセスできるユーザーやグループを指定する。

❽ [ファイルの種類の関連付け] をクリックする。

❾ [ファイルの種類の関連付け] ページで、RemoteAppプログラムに関連付けるファイル拡張子のチェックボックスをオンにする。
● 本書では、次の値を使用する。
　.docx

❿ [OK] をクリックする。

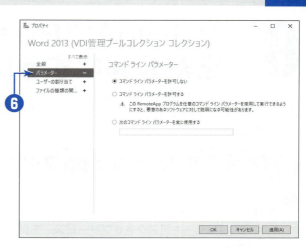

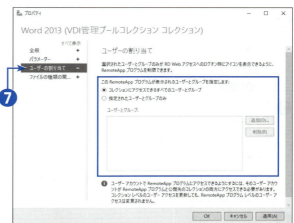

参照

RemoteAppプログラムへのアクセス方法
　　　　　　　　　　　この章の**1、2、3**

6 VDI環境でRemoteAppプログラムを非公開にするには

ユーザーが不要なRemoteAppプログラムは、必要に応じて非公開にできます。ここでは、RemoteAppプログラムを非公開にする方法を紹介します。

VDI環境でRemoteAppプログラムを非公開にする

❶ RD接続ブローカーサーバーのサーバーマネージャーで、[リモートデスクトップサービス]をクリックする。

❷ 仮想デスクトップコレクション名をクリックする。
● 本書では、次の仮想デスクトップコレクションを使用する。
VDI管理プールコレクション

❸ [RemoteAppプログラム]セクションで、[タスク]をクリックし、[RemoteAppプログラムの非公開]を選択する。

▶ [RemoteAppプログラムの非公開]ウィザードが表示される。

❹ [RemoteAppプログラムの選択]ページで、[RemoteAppプログラム]チェックボックスをオンにしてすべてのRemoteAppプログラムを非公開にするか、非公開にしたいRemoteAppプログラムのチェックボックスをオンにする。
● 本書では、次の値を使用する。
RemoteAppプログラム

❺ [次へ]をクリックする。

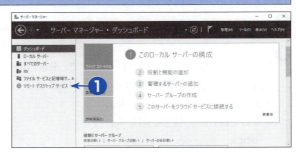

❻ [確認] ページで、[非公開] をクリックする。
　▶ [RemoteAppの非公開] ページに、RemoteAppプログラムの非公開状況が表示される。

❼ [完了] ページで、[閉じる] をクリックする。

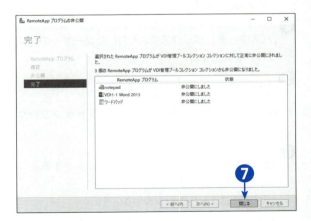

7 Microsoft Edgeで仮想デスクトップへアクセスするには

ここでは、Microsoft Edgeを使用して仮想デスクトップへアクセスする方法を紹介します。

Microsoft Edgeから仮想デスクトップへアクセスする

❶ タスクバーで、[Microsoft Edge]アイコンをクリックする。

❷ アドレスバーに、RD WebアクセスのWebサイトのURLを入力する。
- 本書では、次の値を使用する。
  https://weba6.domain.local/RDWeb
▶ RD Webアクセスへのサインインページが表示される。

❸ [ドメイン¥ユーザー名]ボックスに、RD WebアクセスのWebサイトにアクセスする権限のあるユーザー名を入力する。
- 本書では、次の値を使用する。
  domain¥hide

❹ [パスワード]ボックスに、入力したユーザーのパスワードを入力する。

❺ [サインイン]をクリックする。
▶ ユーザーが利用可能な仮想デスクトップコレクションが表示される。

❻ 仮想デスクトップコレクションをクリックする。
- 本書では、次の値を使用する。
  VDI管理プールコレクション
▶ 選択した項目に対する操作の選択肢が表示される。

❼
[開く]をクリックする。

❽
リモートデスクトップ接続が信頼できるかを確認する[リモートデスクトップ接続]ダイアログボックスが表示された場合は、[この発行元からのリモート接続について今後確認しない]チェックボックスをオンにする。

❾
[接続]をクリックする。

❿
[Windowsセキュリティ]ダイアログボックスが表示された場合は、適切な資格情報を入力し、[OK]をクリックする。

▶ 仮想デスクトップが表示される。

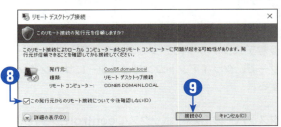

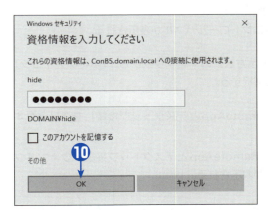

ヒント
リダイレクトされるデバイスの制御
[リモートデスクトップ接続]ダイアログボックスで[詳細の表示]をクリックすると、仮想デスクトップにリダイレクトされるローカルデバイスを制御できます。

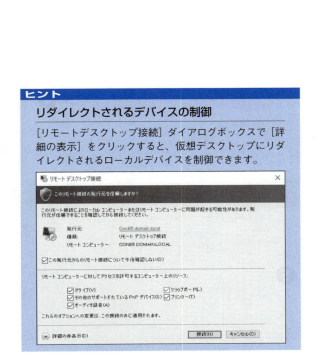

8 Webフィードで仮想デスクトップへアクセスするには

スタートメニューに仮想デスクトップコレクションを表示するには、Webフィードを設定します。Webフィードは、クライアントコンピューター上で設定したり、グループポリシーを使用して設定したりできます。ここでは、クライアントコンピューター上でのWebフィードの設定方法と、グループポリシーを使用したWebフィードの設定方法を紹介します。

クライアントコンピューターでWebフィードを設定する

❶ 仮想デスクトップにアクセスする権限のあるユーザーで、クライアントコンピューターにサインインする。

❷ タスクバーの［検索］ボックスに **control** と入力し、Enterキーを押す。
▶ コントロールパネルが表示される。

❸ ［表示方法］の▼をクリックし、［小さいアイコン］を選択する。

❹ ［RemoteAppとデスクトップ接続］をクリックする。
▶ ［RemoteAppとデスクトップ接続］ウィンドウが表示される。

❺ ［RemoteAppとデスクトップにアクセスする］をクリックする。
▶ ［RemoteAppとデスクトップにアクセスする］ウィザードが表示される。

❻
[電子メールアドレスまたは接続URLを入力してください] ページで、[電子メールアドレスまたは接続URL] ボックスにWebフィードのURLを入力する。
● 本書では、次の値を使用する。
https://weba6.domain.local/RDWeb/Feed

❼
[次へ] をクリックする。

❽
[接続を設定する準備ができました] ページで、[次へ] をクリックする。
➡ 初回設定時には [Windowsセキュリティ] ダイアログボックスが表示される。

❾
[ユーザー名] および [パスワード] ボックスに適切な資格情報を入力する。
● 本書では、次の値を使用する。
ユーザー名：**hide**
パスワード：**P@ssw0rd**

❿
[このアカウントを記憶する]チェックボックスをオンにする。

⓫
[OK] をクリックする。

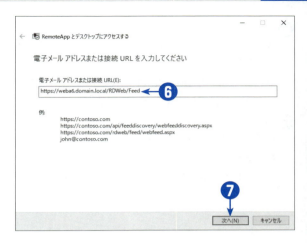

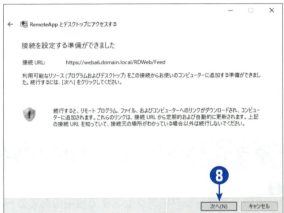

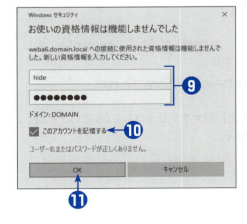

⓬ [次の接続が正常に設定されました] ページで、[完了] をクリックする。

▶ Web フィードが設定され、[RemoteApp とデスクトップ接続] ウィンドウに戻る。

⓭ スタートボタンをクリックする。

▶ スタートメニューの [Work Resources] に仮想デスクトップコレクションが表示される。

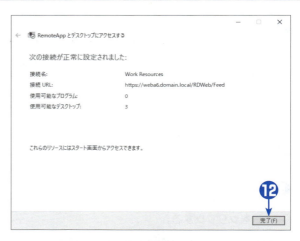

クライアントコンピューターで Web フィードの設定を削除する

❶ 仮想デスクトップにアクセスする権限のあるユーザーで、クライアントコンピューターにサインインする。

❷ タスクバーの [検索] ボックスに **control** と入力し、Enter キーを押す。

▶ コントロールパネルが表示される。

❸ [表示方法] の ▼ をクリックし、[小さいアイコン] を選択する。

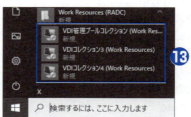

第4章　RemoteAppプログラムと仮想デスクトップへの接続

❹
[RemoteAppとデスクトップ接続]をクリックする。
▶[RemoteAppとデスクトップ接続]ウィンドウが表示される。

❺
[切断]をクリックする。
▶Webフィードへの接続が切断される。

❻
[削除]をクリックする。
▶接続の削除の確認を要求する[接続の削除]ダイアログボックスが表示される。

❼
[はい]をクリックする。
▶接続が削除されたことを示す[接続の削除]ダイアログボックスが表示される。

❽
[閉じる]をクリックする。
▶スタートメニューから仮想デスクトップコレクションが削除される。

❾
[RemoteAppとデスクトップ接続]ウィンドウを閉じる。

ヒント

[切断]リンク

[RemoteAppとデスクトップ接続]ウィンドウの[接続状態]にある[切断]リンクは、仮想デスクトップへ接続しているときにだけ表示されます。

グループポリシーでWebフィードを設定する

❶ ドメインの管理者としてドメインコントローラーにサインインする。

❷ サーバーマネージャーで［ツール］をクリックし、［グループポリシーの管理］を選択する。
▶［グループポリシーの管理］ウィンドウが表示される。

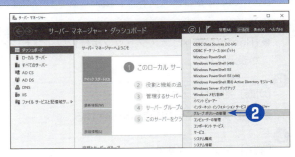

❸［フォレスト:<フォレスト名>］、［ドメイン］、［<ドメイン名>］、［グループポリシーオブジェクト］の順に展開する。

❹ 適切なGPOを右クリックし、［編集］を選択する。
●本書では、次の値を使用する。
　Default Domain Policy
▶グループポリシー管理エディターが表示される。

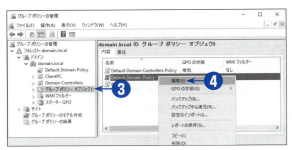

❺［ユーザーの構成］、［ポリシー］、［管理用テンプレート］、［Windowsコンポーネント］、［リモートデスクトップサービス］、［RemoteAppとデスクトップ接続］の順に展開する。

❻［既定の接続URLを指定する］を右クリックし、［編集］をクリックする。
▶［既定の接続URLを指定する］ダイアログボックスが表示される。

❼［有効］を選択する。

❽［既定の接続URL］ボックスに、WebフィードのURLを入力する。
●本書では、次の値を使用する。
　https://weba6.domain.local/RDWeb/Feed

❾［OK］をクリックする。

❿ グループポリシー管理エディターを閉じる。

⓫［グループポリシーの管理］ウィンドウを閉じる。

グループポリシーのWebフィード設定を適用する

❶ 仮想デスクトップにアクセスする権限のあるユーザーで、クライアントコンピューターにサインインする。

❷ タスクバーの[検索]ボックスに **cmd** と入力し、Enterキーを押す。

▶ [コマンドプロンプト]ウィンドウが表示される。

❸ **gpupdate /force** と入力し、Enterキーを押す。

▶ グループポリシーが更新される。

❹ スタートボタンをクリックする。

▶ スタートメニューの[Work Resources]にRemoteAppプログラムが表示される。

9 リモートデスクトップアプリで仮想デスクトップへアクセスするには

仮想デスクトップへは、リモートデスクトップアプリからもアクセスできます。ここでは、リモートデスクトップアプリを使用した仮想デスクトップへの接続方法を紹介します。

リモートデスクトップアプリで仮想デスクトップコレクションに接続する

❶ 仮想デスクトップにアクセスする権限のあるユーザーで、クライアントコンピューターにサインインする。

❷ スタートボタンをクリックし、[リモートデスクトップ] タイルをクリックする。

▶ [リモートデスクトップ] 画面が表示される。

❸ [追加] をクリックする。

❹ [リモートリソース] をクリックする。

❺ [フィードのURL] ボックスに、Webフィードの URLを入力する。
- 本書では、次の値を使用する。
   https://weba6.domain.local/RDWeb/Feed

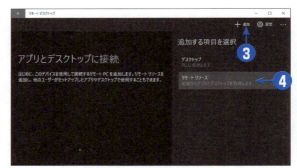

❻ [フィードの検索] をクリックする。

参照
リモートデスクトップアプリが見つからないときは
　　　　　　　　この章の3のヒント

❼
［ユーザー名］、［パスワード］、［表示名］ボックスに適切な資格情報を入力する。

❽
［保存］をクリックする。

❾
［フィードの追加］をクリックする。
▶ ［リモートデスクトップ］画面に、仮想デスクトッププコレクションが表示される。

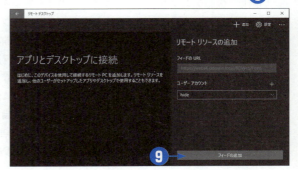

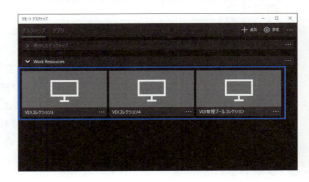

仮想デスクトップへのリモートデスクトップ接続の管理

RD接続ブローカーサーバーでは、ユーザーが仮想デスクトップに接続したときに作成されるセッションを確認できます。また、RD仮想化ホストサーバーのメンテナンスを行う前などに、接続しているユーザーがいる場合には、それらのユーザーにメッセージを送信してログオフを依頼することもできます。メッセージを送信してもユーザーのログオフが完了していない場合には、管理者が強制的にユーザーの仮想デスクトップへの接続を終了させることができます。ユーザーのセッションを終了する方法には、「切断」と「ログオフ」があります。

切断

切断は、仮想デスクトップへのユーザーセッションを終了させる方法の中で、データ損失の可能性が最も少ない方法です。切断では、ユーザーが仮想デスクトップから切断されますが、セッション自体は仮想デスクトップに残っています。ユーザーがアプリケーションを開いたままの状態でセッションを切断すると、仮想デスクトップにセッションが残り、アプリケーションは実行されたままになります。ユーザーは単に仮想デスクトップから切り離された状態です。そのため、ユーザーが再度接続したときには、アプリケーションが開いたままの状態で接続できます。たとえば、会社にいるときに仮想デスクトップ上のアプリケーションで作業途中のままセッションを切断して作業を中断した場合でも、自宅から再び仮想デスクトップへ接続すると、作業を中断したときと同じ状態が表示されます。そのため、接続してすぐに作業を進められます。切断では、元のアプリケーションがそのまま実行状態になっているため、Windowsの［ユーザーの切り替え］機能に似ています。

ログオフ

ログオフは、仮想デスクトップへのセッションからユーザーをログオフさせて終了する方法です。ログオフでは、ユーザーがログオフ（Windows 8以降ではサインアウト）した状態になります。ユーザーがアプリケーションを開いたままの状態で仮想デスクトップからをログオフすると、Windowsからログオフするのと同じように、データの保存を試みてから、アプリケーションが終了します。ログオフした場合にログオフ前と同じ状態に戻すには、Windowsからログオフしたときと同じように、ユーザーが再度接続してから、アプリケーションを再び開いたり、データを再び読み込んだりしなければなりません。仮想デスクトップからログオフした場合でもアプリケーションが終了するため、Windowsの［ログオフ］や［サインアウト］の機能に似ています。

シャドウ

シャドウは、1つの仮想デスクトップ画面を管理者とユーザーの両方で共有する方法です。シャドウでは、管理者が仮想デスクトップを表示したり、制御したりできます。そのため、ユーザーの教育やトレーニング、または問題発生時のヘルプデスク対応などに活用できます。

10 リモートデスクトップ接続を管理するには（RDS）

ユーザーがRDセッションホストサーバーへリモートデスクトップ接続したり、RemoteAppプログラムへアクセスしたりすると、RDセッションホストサーバーとクライアント間にRDPを使用したセッションが作成されます。ここでは、セッションの管理方法を紹介します。

セッションIDを表示する

❶ RD接続ブローカーサーバーのサーバーマネージャーで、[リモートデスクトップサービス] をクリックする。

❷ セッションコレクション名をクリックする。

▶ [接続] セクションに、RDセッションホストサーバーへの接続が表示される。

❸ フィールドのタイトル部分を右クリックし、[ID] を選択する。

▶ [ID] フィールドが追加される。

> **ヒント**
> **フィールドの非表示**
> 特定のフィールドを非表示にするには、フィールドのタイトル部分を右クリックし、選択を解除します。

接続をグループ化する

❶ RD接続ブローカーサーバーのサーバーマネージャーで、[リモートデスクトップサービス] をクリックする。

❷ セッションコレクション名をクリックする。
- ▶ [接続] セクションに、RDセッションホストサーバーへの接続が表示される。

❸ フィールドのタイトルを右クリックし、[グループ化]、グループ化したいフィールド名の順に選択する。
- ▶ 接続がグループ化される。

グループ化表示の状態

ユーザーへメッセージを送信する

❶ RD接続ブローカーサーバーのサーバーマネージャーで、[リモートデスクトップサービス] をクリックする。

❷ セッションコレクション名をクリックする。
- ▶ [接続] セクションに、RDセッションホストサーバーへの接続が表示される。

❸ メッセージを送信したい接続を右クリックし、[メッセージの送信] を選択する。
- ▶ [メッセージの送信] ダイアログボックスが表示される。

❹ [メッセージの件名] ボックスに、必要に応じてメッセージの件名を入力する。

❺ [メッセージ] ボックスに、ユーザーへのメッセージを入力する。
- ●本書では、次の値を使用する。
  メンテナンスのため再起動します。ログオフしてください。

❻ [送信] をクリックする。
- ▶ 接続しているユーザーにメッセージが表示される。

ヒント
ユーザーに表示されるメッセージ
メッセージを送信すると、ユーザーに次のようなメッセージが表示されます。

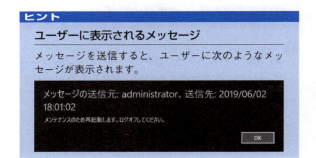

管理者が接続を切断する

❶ RD接続ブローカーサーバーのサーバーマネージャーで、[リモートデスクトップサービス] をクリックする。

❷ セッションコレクション名をクリックする。
- [接続] セクションに、RDセッションホストサーバーへの接続が表示される。

❸ 切断したい接続を右クリックし、[切断] を選択する。
- 接続が切断される。

接続が切断された

ヒント
切断時のメッセージ
接続を切断すると、ユーザーに次のようなメッセージが表示されます。

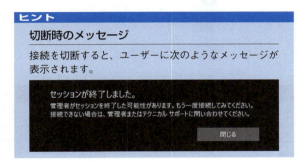

管理者が接続をログオフする

❶ RD接続ブローカーサーバーのサーバーマネージャーで、[リモートデスクトップサービス] をクリックする。

❷ セッションコレクション名をクリックする。
- [接続] セクションに、RDセッションホストサーバーへの接続が表示される。

❸ ログオフしたい接続を右クリックし、[ログオフ] を選択する。
- 接続がログオフされる。

ログオフすると接続が表示されなくなる

11 リモートデスクトップ接続を管理するには（VDI）

ユーザーが仮想デスクトップに接続すると、RD仮想化ホストサーバーとクライアント間にRDPを使用したセッションが作成されます。ここでは、セッションの管理方法を紹介します。

セッションIDを表示する

❶ RD接続ブローカーサーバーのサーバーマネージャーで、［リモートデスクトップサービス］をクリックする。

❷ ［コレクション］をクリックする。

▶ ［接続］セクションに、RD仮想化ホストサーバーへの接続が表示される。

❸ フィールドのタイトル部分を右クリックし、［ID］を選択する。

▶ ［ID］フィールドが追加される。

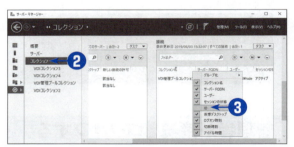

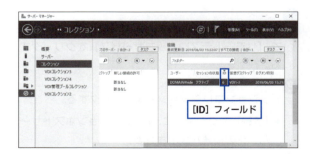

［ID］フィールド

ヒント

フィールドの非表示

特定のフィールドを非表示にするには、フィールドのタイトル部分を右クリックし、選択を解除します。

接続をグループ化する

❶ RD接続ブローカーサーバーのサーバーマネージャーで、[リモートデスクトップサービス]をクリックする。

❷ [コレクション]をクリックする。
▶ [接続]セクションに、RD仮想化ホストサーバーへの接続が表示される。

❸ フィールドのタイトル部分を右クリックし、[グループ化]、グループ化したいフィールド名の順に選択する。
● 本書では、次の値を使用する。
　コレクション名
▶ 接続がグループ化される。

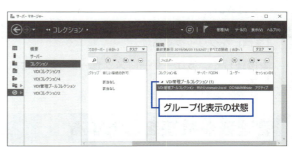
グループ化表示の状態

ユーザーへメッセージを送信する

❶ RD接続ブローカーサーバーのサーバーマネージャーで、[リモートデスクトップサービス]をクリックする。

❷ [コレクション]をクリックする。
▶ [接続]セクションに、RD仮想化ホストサーバーへの接続が表示される。

❸ メッセージを送信したい接続を右クリックし、[メッセージの送信]を選択する。
▶ [メッセージの送信]ダイアログボックスが表示される。

❹ ［メッセージの件名］ボックスに、メッセージの件名を入力する。
● 本書では、次の値を使用する。
定期メンテナンス

❺ ［メッセージ］ボックスに、ユーザーへのメッセージを入力する。
● 本書では、次の値を使用する。
メンテナンスのため再起動します。ログオフしてください。

❻ ［送信］をクリックする。
▶ 接続しているユーザーにメッセージが表示される。

ヒント
ユーザーに表示されるメッセージ

メッセージを送信すると、ユーザーに右のようなメッセージが表示されます。

管理者が接続を切断する

❶ RD接続ブローカーサーバーのサーバーマネージャーで、［リモートデスクトップサービス］をクリックする。

❷ ［コレクション］をクリックする。
▶ ［接続］セクションに、RD仮想化ホストサーバーへの接続が表示される。

❸ 切断したい接続を右クリックし、［切断］を選択する。
▶ 接続が切断される。

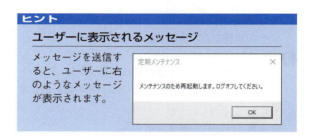

ヒント
切断時のメッセージ

接続を切断すると、ユーザーに次のようなメッセージが表示されます。

管理者が接続をログオフする

❶ RD接続ブローカーサーバーのサーバーマネージャーで、[リモートデスクトップサービス]をクリックする。

❷ [コレクション]をクリックする。
▶ [接続] セクションに、RD仮想化ホストサーバーへの接続が表示される。

❸ ログオフしたい接続を右クリックし、[ログオフ]を選択する。
▶ 接続がログオフされる。

ヒント
ログオフ時のメッセージ
接続をログオフすると、ユーザーに次のようなメッセージが表示されます。

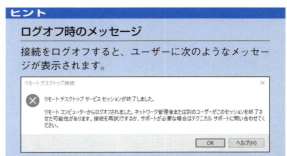

シャドウを使用する

❶ 管理者がRD接続ブローカーサーバーのサーバーマネージャーで、[リモートデスクトップサービス]をクリックする。

❷ [コレクション]をクリックする。

❸ シャドウを使用したいを右クリックし、[シャドウ]を選択する。
▶ [シャドウ] ダイアログボックスが表示される。

❹ [制御]を選択する。

❺ [OK]をクリックする。

❻ 接続先の仮想デスクトップの［リモート制御要求］
ボックスで、ユーザーが［はい］をクリックする。

❼ 仮想デスクトップの画面が表示される。

RDゲートウェイと RDライセンスの構成

第 **5** 章

1 RDゲートウェイの役割サービスをインストールするには

2 RDゲートウェイを使用するように設定されていることを確認するには

3 RDゲートウェイサーバーに証明書をインストールするには

4 RDゲートウェイサーバーのプロパティを構成するには

5 接続承認ポリシーを設定するには

6 リソース承認ポリシーを設定するには

7 グループポリシーでRDゲートウェイを使用するように設定するには

8 RDゲートウェイを使用するようにリモートデスクトップアプリを設定するには

9 RDゲートウェイ経由の接続を管理するには

10 RDライセンスの役割サービスをインストールするには

11 RDライセンスサーバーをアクティブ化するには

12 RDS CALをインストールするには

13 RDS CAL（接続ユーザー数）を使用できるようにするには

14 リモートデスクトップライセンスモードを設定するには

この章では、インターネットなどのパブリックネットワーク経由でRDセッションホストサーバーや仮想デスクトップへ安全にアクセスするためのRDゲートウェイサーバーのインストール方法や設定方法について解説します。また、リモートデスクトップサービスのライセンスを管理するためのRDライセンスサーバーのインストール方法やアクティブ化する方法についても解説します。

コラム RDゲートウェイとは

RDゲートウェイ（リモートデスクトップゲートウェイ）は、インターネットなどの外部ネットワーク経由でRemoteAppプログラムや仮想デスクトップへ接続するクライアントコンピューターが、安全に企業の内部ネットワークにあるRDセッションホストや仮想デスクトップへ接続できるように中継する仕組みです。外部ネットワーク上のクライアントコンピューターからRDゲートウェイサーバーまでの接続には、RDP（リモートデスクトッププロトコル）をHTTPSでカプセル化したRDP over HTTPS接続が使用されます。RDゲートウェイサーバーへの接続には、セキュリティで保護されたHTTP（HTTPS）接続が使用されるため、インターネット経由でも、クライアントコンピューターとRDゲートウェイサーバーが安全に通信を行えるようになります。RDゲートウェイサーバーから内部ネットワークのRDセッションホストや仮想デスクトップへの接続には、通常のRDP接続が使用されます。

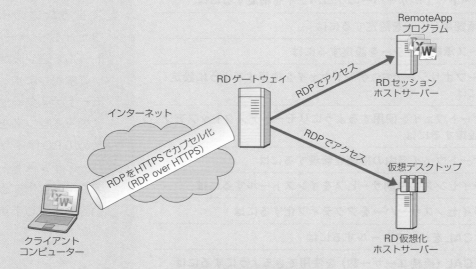

RDゲートウェイの概念

RDゲートウェイサーバーの配置とファイアウォールの構成

ユーザーは、インターネットなどの外部ネットワーク経由でRDゲートウェイサーバーに接続します。そのため、一般に、RDゲートウェイサーバーはDMZに配置します。クライアントコンピューターとRDゲートウェイサーバー間ではHTTPSを使用して通信するため、外部ネットワークからDMZの間にあるファイアウォール（外部ファイアウォール）では、HTTPSポート（443）を開けておく必要があります。HTTPSはセキュリティで保護されたHTTPのため、Webサーバーを公開している組織では、外部ファイアウォールでHTTPSポートが開いているのが一般的です。

RDゲートウェイサーバーとRDセッションホストサーバーや仮想デスクトップ間ではRDPで通信するため、DMZから内部ネットワークの間にあるファイアウォール（内部ファイアウォール）では、RDPポート（3389）を開けておく必要があります。また、RDゲートウェイサーバーと内部ネットワーク上のドメインコントローラー（DC）間では、ユーザー認証およびコンピューター認証が発生するため、内部ファイアウォールでActive

Directory認証用のポートも開ける必要があります。セキュリティの厳しい環境で、内部ファイアウォールにRDPポートやActive Directory認証用のポートを開けられない場合には、DMZと内部ネットワーク間の通信をIPSecで暗号化し、内部ファイアウォールでIPSecのポートのみを許可するとよいでしょう。

なお、Application Request Routing (ARR) などのリバースプロキシをDMZ上に配置すると、RDゲートウェイサーバーを内部ファイアウォールの内側へ配置できます。マイクロソフトでは、DMZ上にリバースプロキシを配置し、RDゲートウェイサーバーを内部ファイアウォールの内側へ配置する方法を推奨しています。

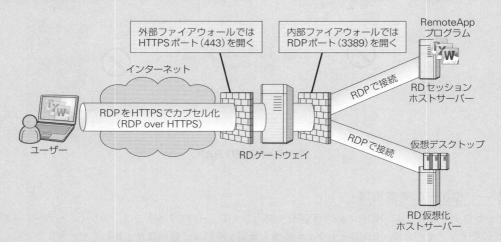

RDゲートウェイ環境のファイアウォール構成

RDゲートウェイでの接続の承認

RDゲートウェイサーバーでは、RDゲートウェイサーバーに接続できるユーザーを指定したり、RDゲートウェイサーバーから接続できるリソース（RDセッションホストサーバーや仮想デスクトップ）を指定したりできます。そのため、RD接続ブローカーサーバーでの接続制限以外に、RDゲートウェイサーバーでもユーザーを承認する必要があるため、より安全なリモートデスクトップ接続環境を構築できます。RDゲートウェイサーバーでの接続制限は、「接続承認ポリシー（RD CAP）」と「リソース承認ポリシー（RD RAP）」で設定します。

- **接続承認ポリシー（RD CAP）**
  RD CAPは、RDゲートウェイサーバーに接続できるユーザーを設定するポリシーです。RD CAPでは、RDゲートウェイサーバーに接続できるユーザーをグループ単位で指定します。また、RDゲートウェイサーバー経由で接続したときにリダイレクトできるデバイスを設定することも可能です。

- **リソース承認ポリシー（RD RAP）**
  RD RAPでは、RDゲートウェイサーバーを通過してリソース（RDセッションホストサーバーや仮想デスクトップ）へ接続できるユーザーを設定したり、RDゲートウェイサーバー経由で接続できるリソースを設定したりできます。また、リソースに接続する際のRDPポートも指定できます。手動でRD RAPのリソースを指定する場合、リソースとしてRDセッションホストサーバーや仮想デスクトップ以外に、RD接続ブローカーサーバーも指定する必要があります。

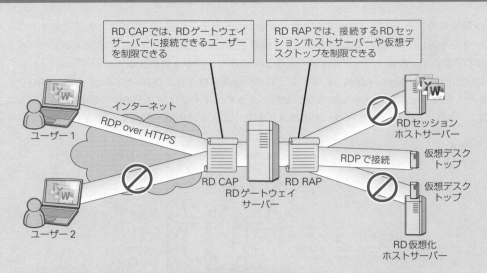

RD CAPとRD RAP

RDゲートウェイの考慮事項

RDゲートウェイ環境では、RDP over HTTPSを使用します。HTTPS通信では、少なくともサーバー側に証明書が必要です。そのため、RDゲートウェイ環境を構築するには、証明書が必要になります。

RDゲートウェイサーバーで使用する証明書は、サードパーティの証明機関から取得する証明書や、社内の公開キー基盤（PKI）から取得する証明書を使用できます。RDゲートウェイサーバーをDMZに配置する場合、インターネット上に公開するため、サードパーティの証明機関から証明書を取得するのが一般的です。社内のPKIを使用してRDゲートウェイサーバーに証明書をインストールする場合には、クライアントコンピューターの［信頼されたルート証明機関］にルートCAの証明書をインストールしておく必要があります。

なお、RDゲートウェイサーバーでは、RDゲートウェイサーバー自身が作成する自己署名証明書も使用できますが、クライアントにRDゲートウェイサーバーの証明書を配布する手間を考えると、実稼働環境での使用には適していません。

RDゲートウェイの利点

リモートデスクトップ環境でRDゲートウェイを使用すると、次のような利点があります。

- **接続制限**
  RD CAPとRD RAPにより、どのユーザーがRDゲートウェイサーバー経由でどのリソース（RDセッションホストサーバーや仮想デスクトップ）に接続できるかを制限できます。

- **標準プロトコル**
  クライアントコンピューターとRDゲートウェイサーバー間の通信には、一般的なHTTPSを使います。通常、外部ファイアウォールではHTTPSポート（443）は開かれているため、ファイアウォールを構成する必要性が少なくなります。

● 容易な接続

RDゲートウェイを使用すると、VPN（仮想プライベートネットワーク）環境を構築しなくても、クライアントコンピューターから内部ネットワークのリソースに接続してRemoteAppプログラムや仮想デスクトップを使えるようになります。RDゲートウェイとRD Webアクセスを組み合わせて使用すると、ユーザーはWebブラウザーを使用してRemoteAppプログラムを表示し、RDゲートウェイサーバー経由でRemoteAppプログラムを実行できます。これにより、自宅や外出先で作業するユーザーのコンピューターにアプリケーションをインストールしたり、VPN接続を設定したりする必要がなくなります。ユーザーは、単にWebブラウザーでRD WebアクセスサーバーのRD Webサイトに接続してRemoteAppプログラムや仮想デスクトップコレクションをクリックするだけで、安全にRemoteAppプログラムや仮想デスクトップを実行できます。

● 接続の監視

RDゲートウェイサーバーでは、「RDゲートウェイマネージャー」を使用して、どのユーザーがどのリソース（RDセッションホストサーバーや仮想デスクトップ）に接続しているかを監視できます。

1 RDゲートウェイの役割サービスを インストールするには

ユーザーが、インターネットなどのネットワーク経由で、社内のRDセッションホストサーバーへ安全に接続するには、RD（リモートデスクトップ）ゲートウェイサーバーが必要になります。RDゲートウェイサーバーをインストールするには、RDゲートウェイサーバーでRDゲートウェイの役割サービスを追加する方法と、RD接続ブローカーサーバーからRDゲートウェイサーバーにRDゲートウェイの役割サービスを追加する方法があります。ここでは、RD接続ブローカーサーバーからRDゲートウェイサーバーにRDゲートウェイの役割サービスをインストールする方法を紹介します。

サーバープールにサーバーを追加する

❶ RD接続ブローカーサーバーのサーバーマネージャーで、［管理］をクリックし、［サーバーの追加］を選択する。

▶［サーバーの追加］ダイアログボックスが表示される。

❷［Active Directory］タブで［検索］をクリックする。

▶Active Directoryに登録されているコンピューターアカウントが表示される。

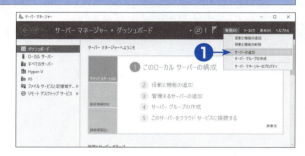

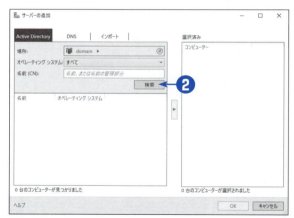

ヒント
サーバーマネージャーを表示するには

サーバーマネージャーを表示するには、スタートボタンをクリックし、［サーバーマネージャー］アイコンをクリックします。

サーバーマネージャーを非表示にするには

サーバーマネージャーは、［管理］－［サーバーマネージャーのプロパティ］で［ログオン時にサーバーマネージャーを自動的に起動しない］チェックボックスをオンにすると、次回ログオン時から自動的に表示されなくなります。

ヒント
コンピューターアカウントの検索

［サーバーの追加］ダイアログボックスでは、Active Directoryを検索する以外に、［DNS］タブをクリックしてコンピューター名やIPアドレスで検索したり、［インポート］タブをクリックしてテキストファイルからインポートしたりできます。

❸ RDゲートウェイの役割サービスをインストールするコンピューターアカウントを選択する。
● 本書では、次の値を使用する。
DC100
GW7

❹ 右矢印（▶）をクリックする。
▶ [選択済み] ボックスに、選択したコンピューターアカウントが表示される。

❺ [OK] をクリックする。

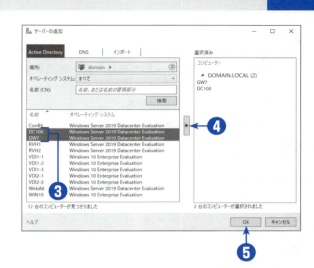

ヒント

本書でのコンピューターアカウントの選択

本書ではDC100とGW7を選択していますが、RDゲートウェイサーバーとして使用するコンピューターアカウントはGW7です。DC100は後でRDライセンスの役割サービスをインストールするために追加しています。

RDゲートウェイの役割サービスをインストールする

❶ RD接続ブローカーサーバーのサーバーマネージャーで、[リモートデスクトップサービス] をクリックする。

❷ [展開の概要] セクションで、[RDゲートウェイ] アイコンをクリックする。
▶ [RDゲートウェイサーバーの追加] ウィザードが表示される。

❸
[サーバーの選択]ページで、RDゲートウェイの役割サービスをインストールするサーバーを選択する。
●本書では、次の値を使用する。
　GW7.domain.local

❹
右矢印（▶）をクリックする。
▶ [選択済み]ボックスに、選択したサーバーが表示される。

❺
[次へ]をクリックする。

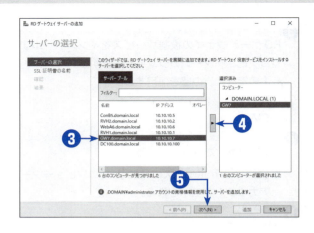

❻
[自己署名SSL証明書の指定]ページで、[SSL証明書]ボックスに、クライアントコンピューターとRDゲートウェイサーバー間の暗号化で使用する自己署名証明書の名前を入力する。
●本書では、次の値を使用する。
　GW7.domain.local

❼
[次へ]をクリックする。

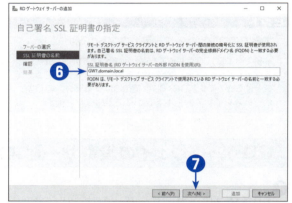

ヒント
自己署名証明書の名前
自己署名証明書の名前を指定するときには、クライアントコンピューターがRDゲートウェイサーバーにアクセスするときの名前（通常はサーバー名）を指定する必要があります。

第5章　**RDゲートウェイとRDライセンスの構成**　**205**

❽　［選択内容の確認］ページで、［追加］をクリックする。

➡［進行状況の表示］ページに、RDゲートウェイの役割サービスのインストール状況が表示される。

❾　インストールの完了後、［閉じる］をクリックする。

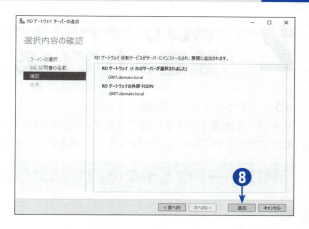

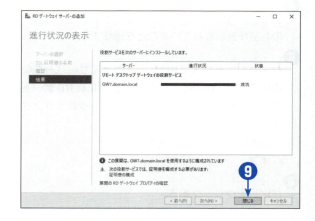

ヒント

証明書の構成

インストールが完了すると、［進行状況の表示］ページに証明書の構成が必要であることを示すメッセージが表示されます。証明書を構成する方法は、この章の3で説明します。

2 RDゲートウェイを使用するように設定されていることを確認するには

RDゲートウェイサーバー経由でRDセッションホストやRD仮想化ホストへ接続するには、RDゲートウェイサーバーを使用するように設定されていなければなりません。ここでは、RDゲートウェイサーバーを使用するように設定されていることを確認する方法を紹介します。

RDゲートウェイを使用するように設定されていることを確認する

① RD接続ブローカーサーバーのサーバーマネージャーで、[リモートデスクトップサービス]をクリックする。

② [展開の概要]セクションで、[タスク]をクリックし、[展開プロパティの編集]を選択する。
▶[展開プロパティ]ダイアログボックスが表示される。

③ [RDゲートウェイ]ページで、[次のRDゲートウェイサーバー設定を使用する]が選択されていることを確認する。

④ [サーバー名]ボックスに、RDゲートウェイサーバーの名前が表示されていることを確認する。

⑤ ローカルアドレスでRDゲートウェイサーバーを使用する場合には、[ローカルアドレスにはRDゲートウェイサーバーを使用しない]チェックボックスをオフにする。
●本書では、次の値を使用する。
　オフ

⑥ [OK]をクリックする。

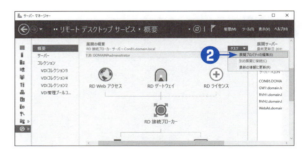

ヒント
RDゲートウェイサーバーの自動検出

RD接続ブローカーサーバーからRDゲートウェイの役割サービスを追加せずに、RDゲートウェイサーバーでRDゲートウェイの役割サービスを追加した場合は、[自動的にRDゲートウェイサーバー設定を検出する]を選択すると、RDゲートウェイサーバーを検出できます。

3 RDゲートウェイサーバーに証明書をインストールするには

リモートデスクトップ環境で、RDゲートウェイが使用する証明書を構成するには、まずRDゲートウェイサーバーに証明書をインストールする必要があります。ここでは、Active Directory証明書サービスから証明書を取得する方法と、リモートデスクトップ環境でRDゲートウェイサーバーの証明書を構成する方法を紹介します。

証明書を取得してエクスポートする

❶ RDゲートウェイサーバーにドメインの管理者としてサインインする。

❷ 第3章の1の「証明書を取得してエクスポートする」の手順を参照し、RDゲートウェイサーバー用の証明書を取得およびエクスポートする。
 ● 本書では、次のファイル名でRDゲートウェイサーバー用の証明書をエクスポートする。
 gw7cer.pfx

RDゲートウェイサーバー用の証明書を構成する

❶ RD接続ブローカーサーバーのサーバーマネージャーで、[リモートデスクトップサービス]をクリックする。

❷
[展開の概要]セクションで、[タスク]をクリックし、[展開プロパティの編集]を選択する。
▶ [展開プロパティ]ダイアログボックスが表示される。

❸
[証明書]をクリックする。

❹
[役割サービス]列で[RDゲートウェイ]を選択する。

❺
[既存の証明書の選択]をクリックする。
▶ [既存の証明書の選択]ダイアログボックスが表示される。

❻
[参照]をクリックする。
▶ [開く]ダイアログボックスが表示される。

❼
RDゲートウェイ用の証明書を選択する。

❽
[開く]をクリックする。
▶ [既存の証明書の選択]ダイアログボックスに戻る。

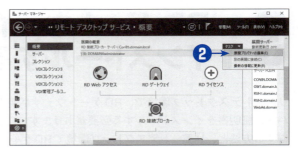

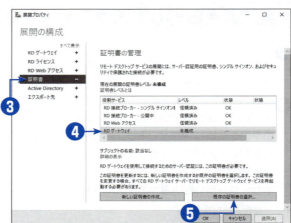

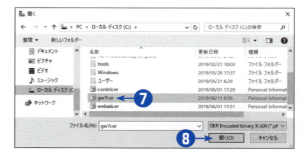

第5章　RDゲートウェイとRDライセンスの構成

❾ ［パスワード］ボックスに、証明書エクスポート時に指定したパスワードを入力する。

❿ ［接続先コンピューターの信頼されたルート証明機関の証明書ストアに証明書を追加することを許可します］チェックボックスをオンにする。

⓫ ［OK］をクリックする。

▶［展開プロパティ］ダイアログボックスに戻る。

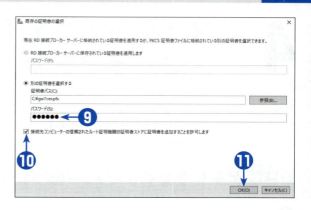

⓬ ［適用］をクリックする。

▶役割サービスに証明書が適用され、［レベル］列の表示が［未構成］から［信頼済み］に変わる。

⓭ ［OK］をクリックする。

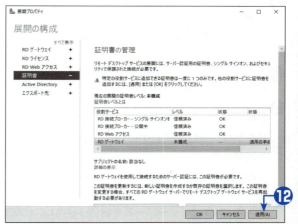

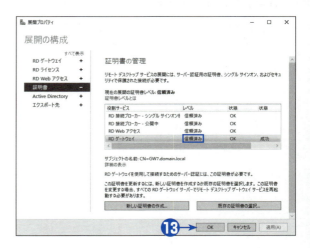

4 RDゲートウェイサーバーの プロパティを構成するには

リモートデスクトップ環境でRDゲートウェイを使用するには、RDゲートウェイサーバーをRDゲートウェイサーバーファームに追加しなければなりません。ここでは、RDゲートウェイサーバーファームへのRDゲートウェイサーバーの追加方法など、RDゲートウェイサーバーのプロパティを構成する方法を紹介します。

RDゲートウェイサーバーのプロパティを構成する

❶ RDゲートウェイサーバーのサーバーマネージャーで、[リモートデスクトップサービス]をクリックする。

❷ [サーバー]をクリックする。

❸ [サーバー]セクションで、RDゲートウェイサーバーを右クリックし、[RDゲートウェイマネージャー]を選択する。
▶ RDゲートウェイマネージャーが表示される。

❹ RDゲートウェイサーバー名を右クリックし、[プロパティ]をクリックする。
▶ [<RDゲートウェイサーバー名>のプロパティ]ダイアログボックスが表示される。

> **ヒント**
>
> **RDゲートウェイマネージャー**
>
> RD接続ブローカーサーバーにRDゲートウェイマネージャーがインストールされている場合には、RD接続ブローカーサーバーでもRDゲートウェイサーバーのプロパティを設定できます。

第5章　RDゲートウェイとRDライセンスの構成

❺
[全般] タブで、必要に応じてRDゲートウェイサーバーへの同時接続数を制限する。
- 本書では、既定値（サポートされている最大同時接続数を許可）を使用する。

❻
[SSL証明書] タブをクリックする。

❼
[証明書のインポート] をクリックする。
➡ [証明書のインポート] ダイアログボックスが表示される。

❽
証明機関からRDゲートウェイサーバー用に取得した証明書を選択する。

❾
[インポート] をクリックする。
➡ [<RDゲートウェイサーバー名>のプロパティ] ダイアログボックスに戻る。[SSL証明書] タブに、インポートされた証明書の情報が表示されている。

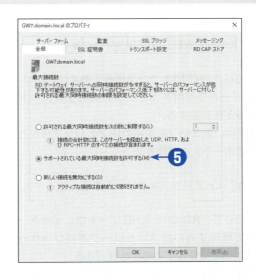

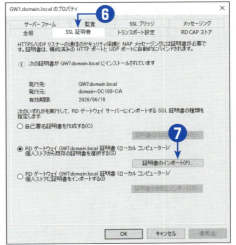

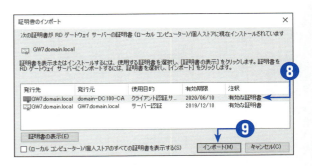

❿ [トランスポート設定] タブをクリックする。

⓫ 必要に応じて、HTTPトランスポートおよびUDPトランスポートで使用するIPアドレスおよびポート番号の設定を変更する。
● 本書では、既定値（未使用のIPアドレスすべてと既定のポート）を使用する。

⓬ [RD CAPストア] タブをクリックする。

⓭ 必要に応じて、RD CAPをRDゲートウェイマネージャーで管理するのかネットワークポリシーサーバー（NPS）で管理するのかを選択する。
● 本書では、既定値（RDゲートウェイマネージャーを使用して管理）を使用する。

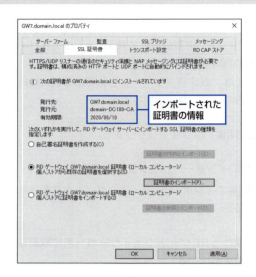

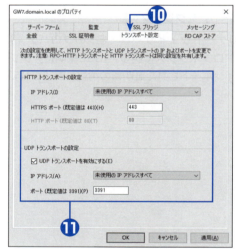

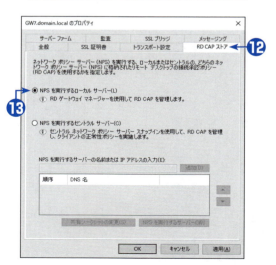

第5章　RDゲートウェイとRDライセンスの構成

⓮
［サーバーファーム］タブをクリックする。

⓯
［RDゲートウェイサーバーファームのメンバー］ボックスに、RDゲートウェイサーバーの名前を入力する。

⓰
［追加］をクリックする。

　▶［リモートデスクトップゲートウェイサーバーファームの状態］ボックスにRDゲートウェイサーバーが追加される。

⓱
［適用］をクリックする。

⓲
［リモートデスクトップゲートウェイサーバーファームの状態］ボックスに表示されるRDゲートウェイサーバーの［状態］列に［OK］と表示されていることを確認する。

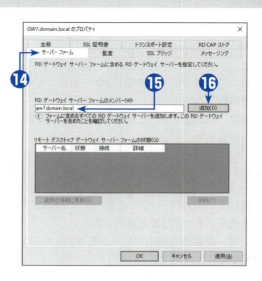

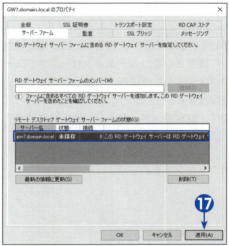

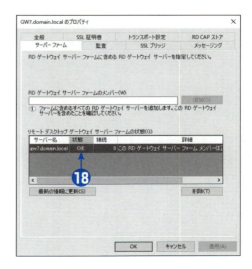

⓯ [監査] タブをクリックする。

⓰ 必要に応じて、ログに記録する RD ゲートウェイイベントを選択する。
● 本書では、既定値（すべてのイベントをログに記録）を使用する。

㉑ [SSL ブリッジ] タブをクリックする。

㉒ 必要に応じて、RD ゲートウェイサーバーで SSL ブリッジを使用するかどうかを選択する。
● 本書では、既定値（SSL ブリッジを使用しない）を使用する。

㉓ [メッセージング] タブをクリックする。

㉔ 必要に応じて、メンテナンス期間中にログオンしたユーザーに表示されるシステムメッセージや、ユーザーがログオンするたびに表示されるログオンメッセージを設定する。
● 本書では、既定値（メッセージが無効）を使用する。

㉕ [OK] をクリックする。

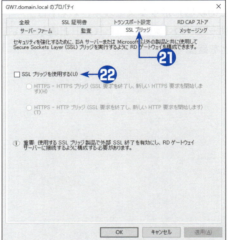

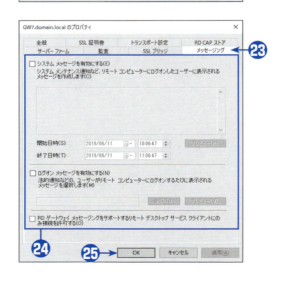

接続承認ポリシーを設定するには

ユーザーがRDゲートウェイサーバー経由でRemoteAppプログラムや仮想デスクトップへ接続するには、まず、RDゲートウェイサーバーに接続できるユーザーを指定する必要があります。RDゲートウェイサーバーに接続できるユーザーは、リモートデスクトップ接続承認ポリシー（RD CAP）で指定します。

既定のRD CAPを削除する

❶ RDゲートウェイサーバーのサーバーマネージャーで、［リモートデスクトップサービス］をクリックする。

❷ ［サーバー］をクリックする。

❸ ［サーバー］セクションで、RDゲートウェイサーバーを右クリックし、［RDゲートウェイマネージャー］を選択する。
　▶RDゲートウェイマネージャーが表示される。

❹ RDゲートウェイサーバー名、［ポリシー］の順に展開し、［接続承認ポリシー］を選択する。

❺ 既定の［RDG_CAP_AllUsers］ポリシーを右クリックし、［削除］をクリックする。
　▶確認のメッセージボックスが表示される。

❻ ［はい］をクリックする。
　▶既定のRD CAPが削除される。

ヒント
既定のRD CAP

既定のRD CAPでは、Active Directoryドメインすべてのユーザーが RDゲートウェイサーバーに接続できる設定になっています。RDゲートウェイサーバーに接続できるユーザーを制限するには、既定のRD CAPを無効にするか削除し、新しいRD CAPを作成します。

RD CAPを作成する

① RDゲートウェイサーバーのサーバーマネージャーで、[リモートデスクトップサービス] をクリックする。

② [サーバー] をクリックする。

③ [サーバー]セクションで、RDゲートウェイサーバーを右クリックし、[RDゲートウェイマネージャー]を選択する。

▶ RDゲートウェイマネージャーが表示される。

④ RDゲートウェイサーバー名、[ポリシー] の順に展開する。

⑤ [接続承認ポリシー]を右クリックし、[新規ポリシーの作成]、[ウィザード] の順に選択する。

▶ [新しい承認ポリシーの作成ウィザード]が表示される。

⑥ [RDゲートウェイの承認ポリシーの作成]ページで、[RD CAPのみ作成する]が選択されていることを確認する。

⑦ [次へ] をクリックする。

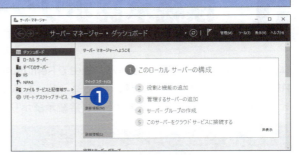

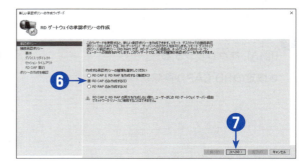

❽ [RD CAPの作成] ページで、[RD CAPの名前を入力してください] ボックスにRD CAPの名前を入力する。
● 本書では、次の値を使用する。
  RDCAP_VDIUsers

❾ [次へ] をクリックする。

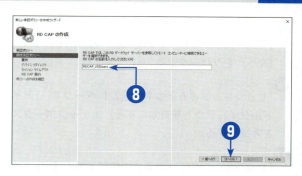

❿ [要件の選択] ページで、[ユーザーグループメンバーシップ（必須）] ボックスの横にある [グループの追加] をクリックする。
▶ [グループの選択] ダイアログボックスが表示される。

⓫ [選択するオブジェクト名を入力してください] ボックスに、RDゲートウェイサーバーへの接続を許可するユーザーグループを入力する。
● 本書では、次の値を使用する。
  VDIUsers

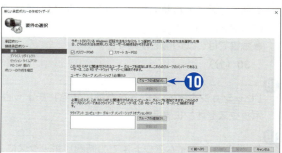

⓬ [名前の確認] をクリックする。

⓭ [OK] をクリックする。
▶ [要件の選択] ページに戻る。

⓮ [次へ] をクリックする。

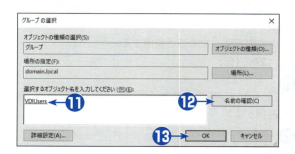

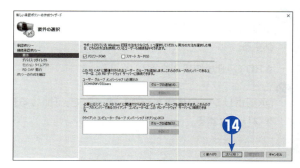

⑮ [デバイスリダイレクトの有効化/無効化] ページで、[次へ] をクリックする。

⑯ [セッションタイムアウトの設定] ページで、[アイドルタイムアウトを有効にする] チェックボックスをオンにする。

⑰ [セッションが切断されるまでのアイドル時間] ボックスに、アイドル時にセッションが切断されるまでの時間を入力する。
  ●本書では、次の値を使用する。
    30（分）

⑱ [セッションタイムアウトを有効にする] チェックボックスをオンにする。

⑲ [セッションタイムアウトまでの時間] ボックスに、一度のセッションで利用可能な最大時間を入力する。
  ●本書では、次の値を使用する。
    240（分）

⑳ [セッション後に自動的に再認証と再承認を行う] を選択する。

㉑ [次へ] をクリックする。

㉒ [RD CAP設定の要約] ページで、[完了] をクリックする。
  ▶RD CAPが作成される。

㉓ [承認ポリシーの作成を確認] ページで、[閉じる] をクリックする。

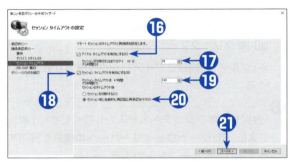

第5章 RDゲートウェイとRDライセンスの構成

6 リソース承認ポリシーを設定するには

ユーザーがRDゲートウェイサーバー経由でリソース（RDセッションホストサーバーやRD仮想化ホストサーバー）へ接続するには、どのユーザーがどのリソースに接続できるかを設定する必要があります。RDゲートウェイサーバー経由で接続できるリソースの制御は、リモートデスクトップリソース承認ポリシー（RD RAP）で指定します。

既定のRD RAPを削除する

❶ RDゲートウェイサーバーのサーバーマネージャーで、［リモートデスクトップサービス］をクリックする。

❷ ［サーバー］をクリックする。

❸ ［サーバー］セクションで、RDゲートウェイサーバーを右クリックし、［RDゲートウェイマネージャー］を選択する。
　▶ RDゲートウェイマネージャーが表示される。

❹ RDゲートウェイサーバー名、［ポリシー］の順に展開し、［リソース承認ポリシー］を選択する。

❺ 既定の［RDG_AllDomainComputers］ポリシーを右クリックし、［削除］をクリックする。
　▶ ［RDゲートウェイ］ダイアログボックスが表示される。

❻ ［はい］をクリックする。
　▶ 既定のRD RAPが削除される。

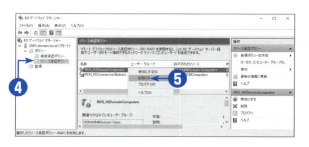

ヒント

既定のRD RAP

既定のRD RAPでは、Active Directoryドメインすべてのコンピューターに接続できる設定になっています。RDゲートウェイサーバー経由で接続できるコンピューターを制限するには、既定のRD RAPを無効にするか削除し、新しいRD RAPを作成します。

ローカルコンピューターグループを作成する

❶ RDゲートウェイサーバーのサーバーマネージャーで、[リモートデスクトップサービス]をクリックする。

❷ [サーバー]をクリックする。

❸ [サーバー]セクションで、RDゲートウェイサーバーを右クリックし、[RDゲートウェイマネージャー]を選択する。

▶RDゲートウェイマネージャーが表示される。

❹ RDゲートウェイサーバー名、[ポリシー]の順に展開する。

❺ [リソース承認ポリシー]を右クリックし、[ローカルコンピューターグループの管理]を選択する。

▶[ローカルに格納されているコンピューターグループの管理]ダイアログボックスが表示される。

❻ [グループの作成]をクリックする。

▶[RDゲートウェイで管理される新しいコンピューターグループ]ダイアログボックスが表示される。

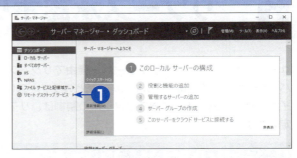

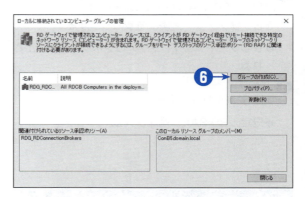

❼ ［名前］ボックスに、コンピューターグループの名前を入力する。
  ● 本書では、次の値を使用する。
    VDIComputers

❽ ［ネットワークリソース］タブをクリックする。

❾ ［コンピューターまたはリモートデスクトップセッションホストサーバーファームの名前を入力し、［追加］をクリックしてください］ボックスに、仮想デスクトップのコンピューター名を入力する。
  ● 本書では、次の値を使用する。
    vdi1-1.domain.local

❿ ［追加］をクリックする。

⓫ ［OK］をクリックする。
  ▶ ［ローカルに格納されているコンピューターグループの管理］ダイアログボックスに戻る。

⓬ ［閉じる］をクリックする。

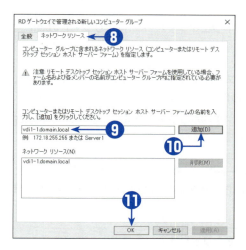

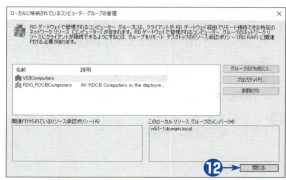

ヒント

コンピューターグループに含めるコンピューター

VDI環境では、コンピューターグループにRD接続ブローカーサーバーと仮想デスクトップの名前を指定します。RDS環境では、コンピューターグループにRD接続ブローカーサーバーとRDセッションホストサーバー（またはRDセッションホストサーバーファーム）の名前を指定します。既定では、すべてのRD接続ブローカーのグループとして、RDG_RDCBComputersグループが作成されています。

RD RAPを作成する

❶ RDゲートウェイサーバーのサーバーマネージャーで、［リモートデスクトップサービス］をクリックする。

❷ ［サーバー］をクリックする。

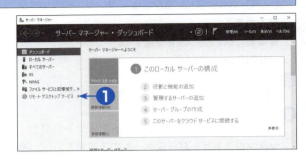

❸ ［サーバー］セクションで、RDゲートウェイサーバーを右クリックし、［RDゲートウェイマネージャー］を選択する。
▶RDゲートウェイマネージャーが表示される。

❹ RDゲートウェイサーバー名、［ポリシー］の順に展開する。

❺ ［リソース承認ポリシー］を右クリックし、［新規ポリシーの作成］、［ウィザード］の順に選択する。
▶［新しい承認ポリシーの作成ウィザード］が表示される。

❻ ［RDゲートウェイの承認ポリシーの作成］ページで、［RD RAPのみ作成する］が選択されていることを確認する。

❼ ［次へ］をクリックする。

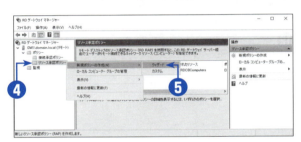

❽ ［RD RAPの作成］ページで、［RD RAPの名前を入力してください］ボックスにRD RAPの名前を入力する。
● 本書では、次の値を使用する。
　RDRAP_VDIUsers_RDComputers

❾ ［次へ］をクリックする。

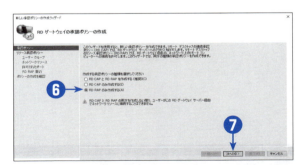

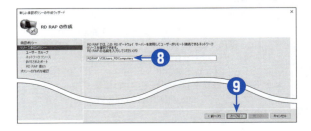

❿
［ユーザーグループの選択］ページで、［グループの追加］をクリックする。
▶ ［グループの選択］ダイアログボックスが表示される。

⓫
［選択するオブジェクト名を入力してください］ボックスに、RDゲートウェイサーバー経由でリソースへの接続を許可するユーザーグループを入力する。
- 本書では、次の値を使用する。
  VDIUsers

⓬
［名前の確認］をクリックする。

⓭
［OK］をクリックする。
▶ ［ユーザーグループの選択］ページに戻る。

⓮
［次へ］をクリックする。

⓯
［ネットワークリソースの選択］ページで、ネットワークリソース（コンピューター）の選択方法を指定する。
- 本書では、次の値を使用する。
  RDゲートウェイで管理される既存のグループを選択するか、新しいグループを作成する。

⓰
［次へ］をクリックする。

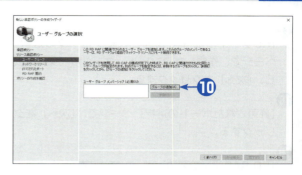

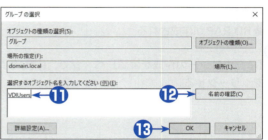

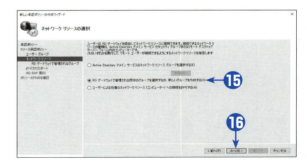

ヒント

ネットワークリソースの選択

RDS環境およびVDI環境で使用するコンピューターが、Active Directoryドメインサービスのグループでまとめられている場合は、［Active Directoryドメインサービスのネットワークリソースグループを選択する］を選択して、グループを指定できます。

⓱
[RDゲートウェイで管理されるグループの選択]
ページで、作成したコンピューターグループを選択
し、[次へ] をクリックする。

⓲
[許可されたポートの選択] ページで、[次へ] をク
リックする。

⓳
[RD RAP設定の要約] ページで、[完了] をクリッ
クする。
▶RD RAPが作成される。

⓴
[承認ポリシーの作成を確認] ページで、[閉じる]
をクリックする。

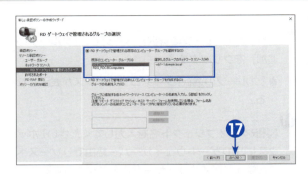

ヒント

RDゲートウェイ経由でのリモート接続のポート

RDゲートウェイサーバー経由でネットワークリソース
にリモート接続するためのポートは、[次のポートへの接
続を許可する] を選択すると、必要に応じて変更できま
す。

7 グループポリシーでRDゲートウェイを使用するように設定するには

ユーザーがRDゲートウェイサーバー経由でRemoteAppプログラムや仮想デスクトップへ接続するには、クライアントコンピューターでRDゲートウェイサーバーを指定する必要があります。Active Directoryドメインサービス（AD DS）のグループポリシーを使用すると、各クライアントコンピューターでRDゲートウェイの設定をしなくても、管理者が複数のコンピューターのRDゲートウェイ設定を集中管理できるようになります。

グループポリシーでRDゲートウェイを設定する

❶ AD DSの管理者として、ドメインコントローラーにサインインする。

❷ サーバーマネージャーで［ツール］をクリックし、［グループポリシーの管理］を選択する。

▶［グループポリシーの管理］ウィンドウが表示される。

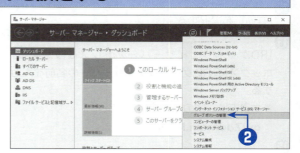

❸［フォレスト］、［ドメイン］、［<ドメイン名>］の順に展開し、［グループポリシーオブジェクト］を選択する。

❹［Default Domain Policy］を右クリックし、［編集］を選択する。

▶ グループポリシー管理エディターが表示される。

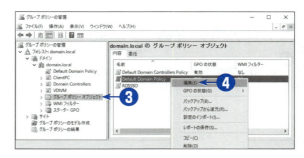

❺［ユーザーの構成］、［ポリシー］、［管理用テンプレート］、［Windowsコンポーネント］、［リモートデスクトップサービス］の順に展開し、［RDゲートウェイ］をクリックする。

❻［RDゲートウェイ経由で接続を有効にする］を右クリックし、［編集］を選択する。

▶［RDゲートウェイ経由で接続を有効にする］ダイアログボックスが表示される。

ヒント

RDゲートウェイを設定するGPO

ここでは、Default Domain Policy GPOで設定していますが、RDゲートウェイ設定を適用したいユーザーが組織単位（OU）にまとめられている場合は、新しいGPOを作成し、そのGPOをOUにリンクすることもできます。

❼
［有効］を選択する。

❽
［OK］をクリックする。
▶グループポリシー管理エディターに戻る。

❾
［RDゲートウェイサーバーアドレスを設定する］を右クリックし、［編集］を選択する。
▶［RDゲートウェイサーバーアドレスを設定する］ダイアログボックスが表示される。

❿
［有効］を選択する。

⓫
［RDゲートウェイサーバーアドレスを設定する］ボックスに、RDゲートウェイサーバーの名前を入力する。
●本書では、次の値を使用する。
gw7.domain.local

⓬
［OK］をクリックする。

⓭
グループポリシー管理エディターを閉じる。

⓮
［グループポリシーの管理］ウィンドウを閉じる。

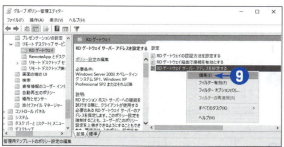

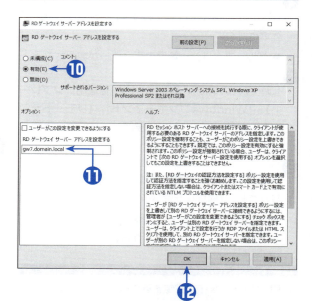

GPOの適用を強制する

❶ クライアントコンピューターにユーザーとしてサインインする。

❷ タスクバーの［検索］ボックスに **cmd** と入力し、Enterキーを押す。

▶ ［コマンドプロンプト］ウィンドウが表示される。

❸ **gpupdate /force** と入力して、Enterキーを押す。

▶ グループポリシーの適用が強制される。

ヒント

グループポリシーの更新間隔

Active Directoryドメインサービスでは、既定で90分～120分の間にグループポリシーが更新されます。ここでは、この時間を待たずにグループポリシーの適用を強制して、すぐに更新しています。

8 RDゲートウェイを使用するようにリモートデスクトップアプリを設定するには

ユーザーがRDゲートウェイサーバー経由でRemoteAppプログラムや仮想デスクトップへ接続するには、クライアントコンピューターでRDゲートウェイサーバーを指定する必要があります。ここでは、RDゲートウェイサーバーを使用するようにリモートデスクトップアプリを設定する方法を紹介します。

リモートデスクトップ接続を設定する

❶ クライアントコンピューターにユーザーとしてサインインする。

❷ スタートボタンをクリックし、[リモートデスクトップ] をクリックする。
➡ [リモートデスクトップ] 画面が表示される。

❸ [設定] をクリックする。
➡ [設定] メニューが表示される。

❹ [ゲートウェイ] の横にある [+] 記号をクリックする。

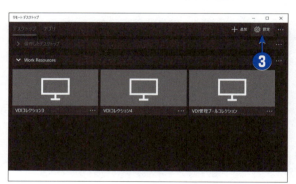

❺ [サーバー名]ボックスに、RDゲートウェイサーバーのアドレスを入力する。
● 本書では、次の値を使用する。
gw7.domain.local

❻ [ユーザーアカウント] リストで、ユーザーアカウントを選択する。

❼ [保存] をクリックする。

❽ [接続の設定] メニュー以外の場所をクリックする。
➡ [接続の設定] メニューが閉じる。

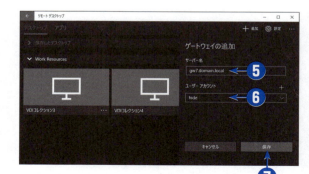

9 RDゲートウェイ経由の接続を管理するには

RDゲートウェイマネージャーでは、RDゲートウェイサーバー経由で接続しているユーザーを確認したり、接続しているユーザーを切断したりできます。

RDゲートウェイ経由の接続を確認する

❶ RDゲートウェイサーバーのサーバーマネージャーで、[リモートデスクトップサービス]をクリックする。

❷ [サーバー]をクリックする。

❸ [サーバー]セクションで、RDゲートウェイサーバーを右クリックし、[RDゲートウェイマネージャー]を選択する。

▶ RDゲートウェイマネージャーが表示される。

❹ RDゲートウェイサーバー名を展開し、[監視]をクリックする。

▶ 中央の[監視]ウィンドウに、RDゲートウェイサーバーを使用して接続しているユーザーの情報が表示される。

❺ 接続IDをクリックする。

▶ 接続IDを使用しているユーザーから、リソースへの接続情報が表示される。

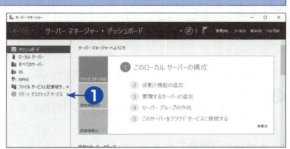

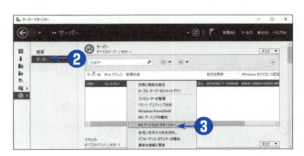

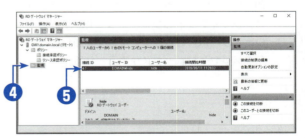

RDゲートウェイサーバーで接続を切断する

❶ RDゲートウェイサーバーのサーバーマネージャーで、[リモートデスクトップサービス]をクリックする。

❷ [サーバー]をクリックする。

❸ [サーバー]セクションで、RDゲートウェイサーバーを右クリックし、[RDゲートウェイマネージャー]を選択する。

▶ RDゲートウェイマネージャーが表示される。

❹ RDゲートウェイサーバー名を展開し、[監視]をクリックする。

▶ 中央の[監視]ウィンドウに、RDゲートウェイサーバーを使用して接続しているユーザーの情報が表示される。

❺ 接続IDを右クリックし、[このユーザーとの接続を切断]を選択する。

▶ 確認のメッセージボックスが表示される。

❻ [はい]をクリックする。

▶ RDゲートウェイサーバー経由での接続が切断され、クライアントコンピューターにはRDゲートウェイサーバーの管理者が接続を切断したことを示すメッセージボックスが表示される。

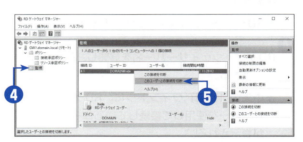

リモートデスクトップサービスのライセンス

リモートデスクトップサービスの主な機能は、RDセッションホストサーバーやRD仮想化ホストサーバーをインストールすることで利用できます。しかし、継続してリモートデスクトップサービスを使用するには、リモートデスクトップサービス用のクライアントアクセスライセンスを購入する必要があります。

RDS CALとは

RDS CAL（リモートデスクトップサービスクライアントアクセスライセンス）は、リモートデスクトップサービスをクライアントとして利用するユーザーまたはデバイスが、リモートデスクトップサービスへ接続するために必要なCAL（クライアントアクセスライセンス）です。Windows Serverのリモートデスクトップサービスは、RD接続ブローカー、RD Webアクセス、RDセッションホスト、RD仮想化ホストなどの役割サービスをインストールするだけでも一定期間は利用できます。これは、リモートデスクトップサービスの展開準備や評価を行うために設けられている猶予期間があるためです。この猶予期間は、120日間あります。

RDS CALの種類

RDS CALには、RDS CAL（接続デバイス数）とRDS CAL（接続ユーザー数）の2種類があります。

ヒント

管理用のリモートデスクトップ

Windows Serverには、リモートからの管理を目的として、2つの同時接続まで可能なリモートデスクトップ機能があります。この管理用のリモートデスクトップ接続を使用する場合には、RDライセンスサーバーやRDS CALは必要ありません。

●RDS CAL（接続デバイス数）

RDS CAL（接続デバイス数）は、リモートデスクトップサービスに接続するクライアントコンピューター（デバイス）ごとに必要になるCALです。RDS CAL（接続デバイス数）では、デバイスからRDセッションホストサーバーや仮想デスクトップに初めて接続するときに一時的なライセンスが発行され、2回目に接続するときに恒久的なRDS CAL（接続デバイス数）がデバイスに発行されます。すべてのRDS CALが発行された場合には、新しいデバイスでRDセッションホストサーバーや仮想デスクトップへの接続を試みてもRDS CALが発行されないため接続できません。なお、RDS CAL（接続デバイス数）の発行は、RDセッションホストサーバーやRD仮想化ホストではなく、リモートデスクトップライセンスサーバー（RDライセンスサーバー）が発行します。

●RDS CAL（接続ユーザー数）

RDS CAL（接続ユーザー数）は、RDセッションホストサーバーに接続するユーザーごとに必要になるCALです。RDセッションホストサーバーや仮想デスクトップへ接続する権利はデバイスではなくユーザーに対して与えられるため、ユーザーはどのデバイスを使ってRDセッションホストサーバーや仮想デスクトップに接続しても、消費されるRDS CALは1つだけです。なお、RDS CAL（接続ユーザー数）の発行は、RDセッションホストサーバーやRD仮想化ホストではなく、リモートデスクトップライセンスサーバー（RDライセンスサーバー）が発行します。

RDS CAL（接続ユーザー数）は、RDS CAL（接続デバイス数）のように発行したRDS CALの数によってRDセッションホストサーバーや仮想デスクトップへの接続が制限されることはありません。そのため、RDS CAL（接続ユーザー数）では、RDライセンスサーバーにインストールされたRDS CALの数を超えても新しいユーザーがRDセッションホストサーバーや仮想デスクトップに接続できます。しかし、RDS CAL（接続ユーザー数）の数を超えた接続は、ライセンス違反になります。したがって、RDS CAL（接続ユーザー数）を使用する場合でも、適切な数のRDS CAL（接続ユーザー数）を購入する必要があります。

RDライセンスサーバー

RDS CALは、ライセンスコードとして番号がMicrosoftから発行されます。RDセッションホストやRD仮想

化ホストの役割サービスのみをインストールしたサーバーには、ライセンスコードを直接管理する機能はありません。RDS CALを管理するには、リモートデスクトップライセンスサーバー（RDライセンスサーバー）が必要になります。RDライセンスサーバーでは、RDS CALをインストールしたり、クライアントにRDS CALを発行したり、使用されているRDS CALの数を確認したりできます。

なお、Windows Serverのリモートデスクトップサービスでは、Windows ServerのRDライセンスサーバーが必要になります。Windows Server 2019のRDライセンスサーバーでは、以前のバージョンのWindows ServerのTS CAL（ターミナルサービスクライアントアクセスライセンス）やWindows Server 2008 R2のRDS CALは管理できますが、以前のバージョンのWindows Serverのライセンスサーバーでは、Windows Server 2019のRDS CALは管理できません。そのため、既に以前のバージョンのWindows Serverのライセンスサーバーが導入されている環境にWindows Server 2019のRDセッションホストサーバーや仮想化ホストサーバーを導入するには、Windows Server 2019のRDライセンスサーバーも導入する必要があります。

RDS CALの発行動作

RDS CALは、RDライセンスサーバーで管理し、クライアントコンピューターに対して発行されます。クライアントにRDS CALを発行する必要がある場合は、クライアントが接続してきたときにRDセッションホストサーバーやRD仮想化ホストサーバーがクライアントの代わりにRDライセンスサーバーへRDS CALの発行を要求します。RDS CALの発行の動作は、次のとおりです。

①クライアント（デバイスまたはユーザー）がRDセッションホストサーバーやRD仮想化ホストサーバーに接続を試みる。
②RDS CALが必要かどうかをRDセッションホストサーバーやRD仮想化ホストサーバーが判断する。
③RDセッションホストサーバーやRD仮想化ホストサーバーがクライアントの代わりにRDライセンスサーバーにRDS CALを要求する。
④RDライセンスサーバーがクライアント用のRDS CALを発行する。
⑤クライアントがRDセッションホストサーバーやRD仮想化ホストサーバーに接続できるようになる。

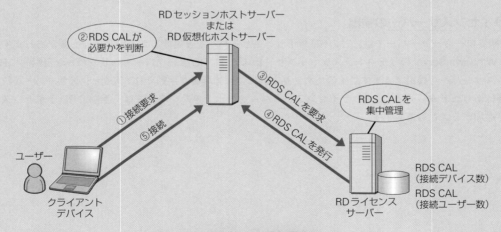

RDS CALの発行動作

発行したRDS CALの確認

RDライセンスサーバーでは、複数のRDセッションホストサーバーやRD仮想化ホストサーバーのRDS CALを集中管理できるため、発行したRDS CALの数を確認できます。RDライセンスサーバーで発行したRDS CALは、「RDライセンスマネージャー」というツールで確認できます。

RDライセンスサーバーのアクティブ化

RDライセンスサーバーは、RDライセンスの役割サービスを追加しただけでは利用できません。RDライセンスサーバーがRDS CALを発行できるようにするには、RDライセンスサーバーをアクティブ化する必要があります。RDライセンスサーバーをアクティブ化する方法には、3つの方法があります。

- **自動接続（推奨）**

   インターネット接続を経由して、Microsoftクリアリングハウスに直接接続する方法です。そのため、RDライセンスマネージャーを実行するコンピューターからインターネットに接続できなければなりません。RDライセンスマネージャーはRDライセンスサーバー以外でも実行できるため、RDライセンスサーバーがインターネットに接続している必要はありません。なお、この方法では、TCPポート443を使用してMicrosoftクリアリングハウスに接続します。

- **Webブラウザー**

   MicrosoftのWebサイトを利用してRDライセンスサーバーをアクティブ化する方法です。この法では、RDライセンスサーバーやRDライセンスマネージャーを実行しているコンピューターがインターネットに接続している必要はありません。ただし、別のコンピューターからインターネット経由でMicrosoftのWebサイトにアクセスする必要があります。

- **電話**

   電話を使用してRDライセンスサーバーをアクティブ化する方法です。この方法では、電話でMicrosoftのカスタマサービス担当者と対話形式アクティブ化を行います。そのため、インターネット接続の許可されていないセキュリティの厳しい環境などで利用できます。

RDライセンスサーバーの検出

RD接続ブローカーサーバーでは、どのRDライセンスサーバーを使用するかを設定する必要があります。ただし、Windows Serverのリモートデスクトップサービスでは、RD接続ブローカーサーバーが自動的にRDライセンスサーバーを検出できます。そのため、基本的には、管理者が手動でRDライセンスサーバーを設定する必要はありません。ただし、RDライセンスサーバーを検出できない場合には、手動でRDライセンスサーバーを追加することもできます。

10 RDライセンスの役割サービスをインストールするには

RDライセンスサーバーを構築するには、RDライセンスの役割サービスを追加します。ここでは、Active Directoryドメインサービス（AD DS）のドメインコントローラーにRDライセンスの役割サービスをインストールする方法を紹介します。

RDライセンスの役割サービスをインストールする

❶ 第2章の2の「サーバープールにサーバーを追加する」の手順を実行して、RD接続ブローカーサーバーのサーバープールにRDライセンスサーバー（ここではドメインコントローラー）を追加する。

❷ RD接続ブローカーサーバーのサーバーマネージャーで、［リモートデスクトップサービス］をクリックする。

❸ ［展開の概要］セクションで、［RDライセンス］アイコンをクリックする。
　▶［RDライセンスサーバーの追加］ウィザードが表示される。

❹ ［サーバーの選択］ページで、RDゲートウェイの役割サービスをインストールするサーバーを選択する。
　●本書では、次の値を使用する。
　DC100.domain.local

❺ 右矢印（▶）をクリックする。
　▶［選択済み］ボックスに、選択したサーバーが表示される。

❻ ［次へ］をクリックする。

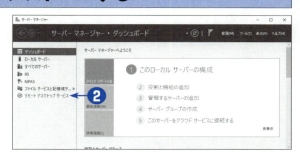

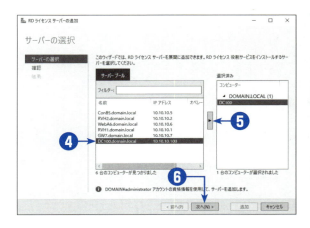

❼
［選択内容の確認］ページで、［追加］をクリックする。

▶ ［進行状況の表示］ページに、RDゲートウェイの役割サービスのインストール状況が表示される。

❽
インストールの完了後、［閉じる］をクリックする。

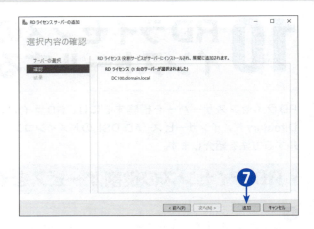

11 RDライセンスサーバーをアクティブ化するには

RDライセンスサーバーは、RDS CALを発行できるようにアクティブ化する必要があります。ここでは、［自動接続（推奨）］設定を使用した、ライセンスサーバーのアクティブ化方法を紹介します。

RDライセンスサーバーをアクティブ化する

❶ AD DSの管理者として、ドメインコントローラーにサインインする。

❷ サーバーマネージャーで、［リモートデスクトップサービス］をクリックする。

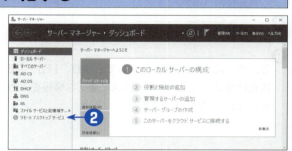

❸ ［サーバー］をクリックする。

❹ ［サーバー］セクションで、RDライセンスサーバーを右クリックし、［RDライセンスマネージャー］を選択する。

▶ RDライセンスマネージャーが表示される。

❺ RDライセンスサーバー名を右クリックし、［サーバーのアクティブ化］を選択する。

▶ ［サーバーのアクティブ化ウィザード］が表示される。

❻ [サーバーのアクティブ化ウィザードの開始] ページで、[次へ] をクリックする。

❼ [接続方法] ページで、ライセンスをアクティブ化するためのMicrosoftクリアリングハウスへの接続方法を選択する。
　●本書では、次の値を使用する。
　　自動接続（推奨）

❽ [次へ] をクリックする。

❾ [会社についての情報] ページで、[姓]、[名]、[国または地域]、[会社] ボックスに適切な情報を入力し、[次へ] をクリックする。

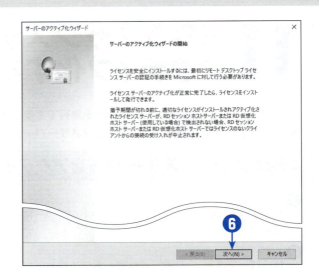

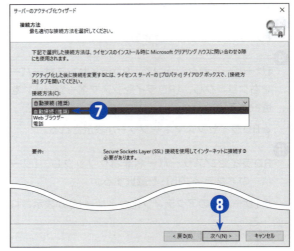

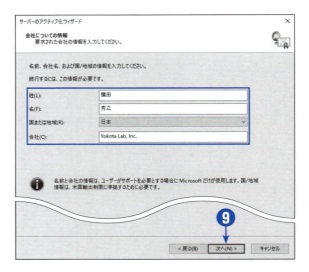

第5章　RDゲートウェイとRDライセンスの構成

❿ ［会社についての情報］ページで、［郵便番号］、［都道府県］、［市区町村］、［会社住所］、［組織単位］、［電子メール］ボックスに適切な情報を入力し、［次へ］をクリックする。

⓫ ［サーバーのアクティブ化ウィザードの完了］ページで、［ライセンスのインストールウィザードを開始する］チェックボックスをオフにする。

⓬ ［完了］をクリックする。

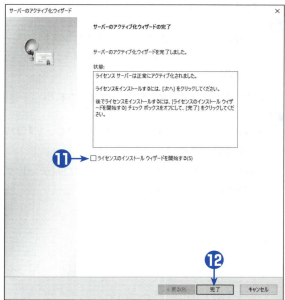

ヒント
ライセンスのインストールウィザードの開始
ここでは、［ライセンスのインストールウィザードを開始する］チェックボックスをオフにしていますが、このチェックボックスをオンにして、［次へ］をクリックすると、RDS CALをインストールするウィザードが表示されます。

12 RDS CAL をインストールするには

RDライセンスサーバーがRDS CALを発行するには、RDライセンスサーバーにRDS CALをインストールする必要があります。ここでは、RDライセンスサーバーから直接インターネットにアクセスできないことを想定して、接続方法の変更手順と、WebブラウザーによるRDS CALのインストール方法を紹介します。

Microsoftクリアリングハウスへの接続方法を変更する

❶ AD DSの管理者として、ドメインコントローラーにサインインする。

❷ サーバーマネージャーで、[リモートデスクトップサービス]をクリックする。

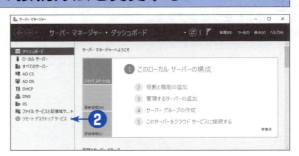

❸ [サーバー]をクリックする。

❹ [サーバー]セクションで、RDライセンスサーバーを右クリックし、[RDライセンスマネージャー]を選択する。

▶ RDライセンスマネージャーが表示される。

❺ RDライセンスサーバー名を右クリックし、[プロパティ]を選択する。

▶ [<RDライセンスサーバー名>のプロパティ]ダイアログボックスが表示される。

❻
［接続方法］タブで、［接続方法］ボックスから Microsoft クリアリングハウスへの接続方法を選択する。
●本書では、次の値を使用する。
　Web ブラウザー

❼
［OK］をクリックする。

RDS CAL をインストールする

❶
AD DS の管理者として、ドメインコントローラーにサインインする。

❷
サーバーマネージャーで、［リモートデスクトップサービス］をクリックする。

❸
［サーバー］をクリックする。

❹
［サーバー］セクションで、RD ライセンスサーバーを右クリックし、［RD ライセンスマネージャー］を選択する。
▶RD ライセンスマネージャーが表示される。

❺
RD ライセンスサーバー名を右クリックし、［ライセンスのインストール］を選択する。
▶［ライセンスのインストールウィザード］が表示される。

❻ ［ライセンスのインストールウィザードの開始］ページで、［次へ］をクリックする。

❼ ［クライアントライセンスキーパックの取得］ページに表示されたURLとライセンスサーバーIDを確認する。

❽ インターネットにアクセスできるコンピューターでWebブラウザーを開始し、［クライアントライセンスキーパックの取得］ページに表示されたURLにアクセスする。

❾ 言語を選択するボックスで、［Japanese］を選択する。

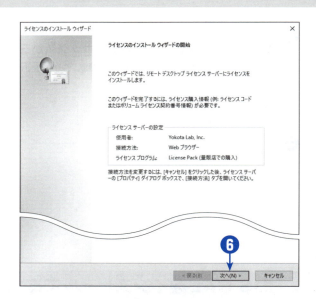

❿ ［go］をクリックする。

⓫ ［オプションの選択］セクションで、［クライアント
アクセスライセンスのインストール］を選択する。

⓬ ［次へ］をクリックする。

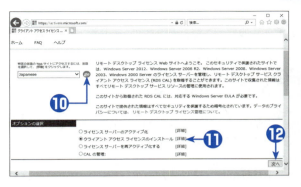

⓭ ［製品の情報］セクションの［ライセンスサーバー
ID］に、［クライアントライセンスキーパックの取
得］ページに表示されたライセンスサーバーIDを入
力する。

⓮ ［ライセンス情報］セクションの［ライセンスプログ
ラム］で、適切なライセンスプログラムを選択する。
●本書では、次の値を使用する。
　　License Pack（量販店での購入）

⓯ ［会社の情報］セクションの［会社］、［国/地域］ボッ
クスに、情報を入力する。

⓰ ［次へ］をクリックする。

⓱ ［ライセンス情報］セクションの［ライセンスコー
ド］ボックスに、RDS CALのライセンスコードを
入力する。

⓲ ［追加］をクリックする。

⓳ ［次へ］をクリックする。

⓴ 情報を確認し、［次へ］をクリックする。

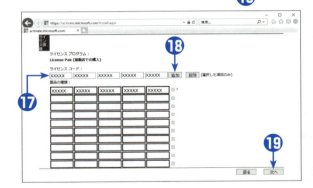

㉑ 表示されたWebページで、ライセンスキーパックIDを確認する。

㉒ ［完了］をクリックする。

㉓ ［Webページからのメッセージ］ダイアログボックスで、［OK］をクリックする。

㉔ RDライセンスサーバーの［ライセンスのインストールウィザード］に戻り、［クライアントライセンスキーパックの取得］ページで、Webページに表示されたライセンスキーパックIDを入力する。

㉕ ［次へ］をクリックする。

㉖ ［ライセンスのインストールウィザードの完了］ページで、［完了］をクリックする。

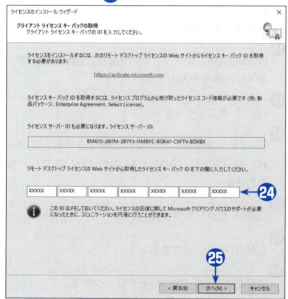

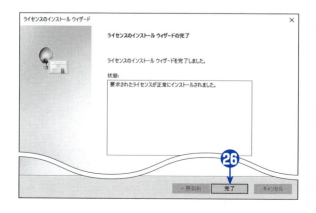

13 RDS CAL（接続ユーザー数）を使用できるようにするには

RDライセンスサーバーでRDS CAL（接続ユーザー数）を発行できるようにするには、RDライセンスサーバーをActive Directoryドメインサービス（AD DS）のTerminal Server License Serversグループに追加する必要があります。

RDS CAL（接続ユーザー数）を使用できるようにする

❶ AD DSの管理者として、ドメインコントローラーにサインインする。

❷ サーバーマネージャーで、［リモートデスクトップサービス］をクリックする。

❸ ［サーバー］をクリックする。

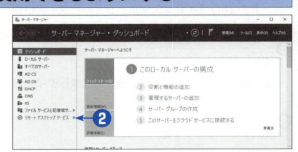

❹ ［サーバー］セクションで、RDライセンスサーバーを右クリックし、［RDライセンスマネージャー］を選択する。

▶ RDライセンスマネージャーが表示される。

❺ RDライセンスサーバー名を右クリックし、［構成の確認］を選択する。

▶ ［<RDライセンスサーバー名>の構成］ダイアログボックスが表示される。

❻
[グループに追加] をクリックする。
▶ ドメインの管理者権限が必要なことを示す [RDライセンスマネージャー] ダイアログボックスが表示される。

❼
[続行] をクリックする。
▶ RDライセンスサーバーがTerminal Server License Serversグループに追加されたことを示す [RDライセンスマネージャー] ダイアログボックスが表示される。

❽
[OK] をクリックする。
▶ [<RDライセンスサーバー名>の構成] ダイアログボックスに戻る。

❾
[OK] をクリックする。

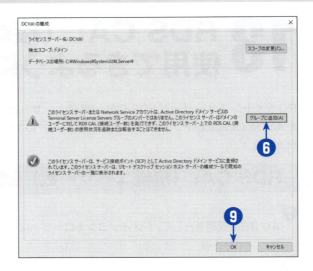

第5章　RDゲートウェイとRDライセンスの構成

14 リモートデスクトップライセンスモードを設定するには

RDライセンスサーバーにRDS CALをインストールした後は、RD接続ブローカーサーバーでリモートデスクトップライセンスモードを設定します。

リモートデスクトップライセンスモードを設定する

❶ RD接続ブローカーサーバーのサーバーマネージャーで、[リモートデスクトップサービス]をクリックする。

❷ [展開の概要]セクションで、[タスク]をクリックし、[展開プロパティの編集]を選択する。
➡ [展開プロパティ]ダイアログボックスが表示される。

❸ [RDライセンス]をクリックする。

❹ [リモートデスクトップライセンスモードを選択します]で、適切なライセンスモードを選択する。
● 本書では、次の値を使用する。
　接続ユーザー数

❺ [リモートデスクトップライセンスサーバーの順序を選択します]ボックスに、RDライセンスサーバーが表示されていることを確認する。

❻ [OK]をクリックする。

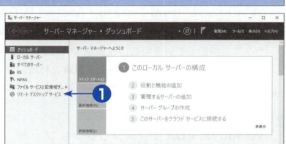

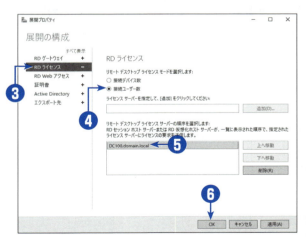

ヒント

RDライセンスサーバーの追加

[ライセンスサーバーを指定して、[追加]をクリックしてください]ボックスに、RDライセンスサーバーの名前を入力して[追加]をクリックすると、既存のRDライセンスサーバーを追加できます。

247

VDI環境でのライセンス

VDI環境では、VDIにアクセスするデバイスごとに、ライセンスが必要になります。VDI環境を構築する組織では通常、Microsoftソフトウェアアシュアランス（SA）を契約していることがほとんどです。Microsoftソフトウェアアシュアランスを契約している場合、仮想デスクトップ環境を使用するにあたって、ライセンスの利点があります。

Windows Virtual Desktop Access（VDA）

VDI経由でWindows OSにアクセスするすべてのデバイスにライセンスが必要ですが、ソフトウェアアシュアランスを契約している場合、Windows Virtual Desktop Access（VDA）使用権特典を活用できます。そのため、追加のライセンスコストなく、VDI環境を利用できます。ただし、シンクライアントや社員の個人所有PCなどは、ソフトウェアアシュアランスの対象になっていないデバイスのため、Windows Virtual Desktop Access使用権特典を使用できません。

Windows VDAサブスクリプション

シンクライアントなど、ソフトウェアアシュアランスの対象になっていないデバイスでは、Windows Virtual Desktop Access使用権特典を使用できません。そのため、これらのデバイスからVDIにアクセスするには、Windows VDAサブスクリプションライセンスを購入する必要があります。

ローミング使用権

ローミング使用権は、組織が所有していないデバイスから、組織ネットワークの外部からアクセスする場合にのみ利用できる権限です。そのため、追加のライセンスコストなく、自宅の個人所有PCなどから、組織のVDIにアクセスできます。ソフトウェアアシュアランスのWindows Virtual Desktop Access使用権特典やWindows VDAサブスクリプションライセンスには、デバイスのプライマリユーザーに対するローミング使用権が含まれています。なお、ローミング使用権はデバイス単位で適用されます。

RDSのパスワードと
ログの管理

第6章

1 **RD Webアクセスで期限切れのパスワードを変更できるように
するには**

2 **RD Webアクセスでパスワードを変更するには**

3 **RDSの一般的なログを確認するには**

4 **RD Webログを設定するには**

5 **RDゲートウェイサーバーのログを設定するには**

6 **RDSの展開およびUIトレースログを有効にするには**

この章では、インターネット経由での接続時などに、ユーザーアカウントのパスワードの有効期限が切れた場合の対処方法として、RD Webアクセスでパスワードを変更できるようにする方法を紹介します。また、RDS環境におけるログの管理方法も紹介します。

RD Web アクセスでの期限切れパスワードの管理

ユーザーが自宅のコンピューターなどからRD Webアクセスサーバーを経由してリモートデスクトップサービス（RDS）のRemoteAppや仮想デスクトップへアクセスするには、RD WebアクセスサーバーのRD Webページでユーザーを認証する必要があります。ユーザーがRD Webページからサインインを試みるときに、ユーザーのパスワードの有効期限が切れている場合、ユーザーはRDSへサインインできません。結果としてユーザーのパスワードを変更するまでRDSに接続できなくなります。

社内ネットワークなどではWindowsの機能を使用してユーザーのパスワードを変更できますが、自宅などのコンピューターを使用しているリモートユーザーはこの機能を使用してパスワードを変更できません。そのため、RD Webアクセスで有効期限の切れたパスワードを変更する方法が必要になります。

Windows ServerのRD Webアクセスでは、パスワードの有効期限が切れているユーザーがサインインを試みた場合、パスワードを変更するためのWebページを表示することができます。この機能は、既定で無効になっていますが、RD Webアクセスサーバー上のWeb.configファイルを編集することで有効にできます。

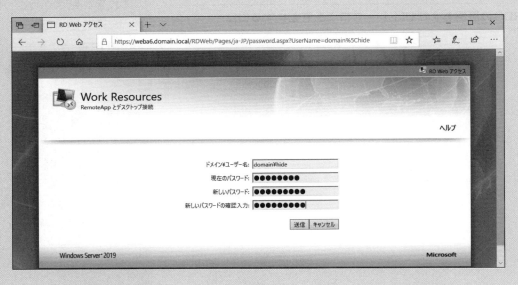

1 RD Webアクセスで期限切れのパスワードを変更できるようにするには

RD Webアクセスサーバーの RD Webページの既定の設定では、ユーザーが RD Webページでパスワードを変更できません。ここでは、パスワードの期限が切れたユーザーが、RD Webページでパスワードを変更できるようにする方法を紹介します。

期限切れのパスワードを変更できるように RD Webページを構成する

❶
RD Webアクセスサーバーに管理者としてサインインする。

❷
タスクバーの［検索］ボックスに notepad と入力し、Enter キーを押す。

▶ メモ帳が開く。

❸
［ファイル］メニューをクリックし、［開く］を選択する。

▶ ［開く］ダイアログボックスが表示される。

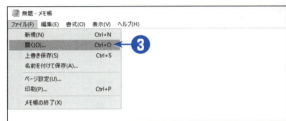

❹
%systemroot%¥Web¥RDWeb¥Pagesフォルダーを開く。

❺
ファイルの種類を指定するボックスで、［すべてのファイル］を選択する。

❻
Web.configファイルを選択する。

❼
［開く］をクリックする。

▶ Web.configファイルがメモ帳で開く。

ヒント

%systemroot%変数

%systemroot%変数は、Windowsフォルダーを指定するための変数です。たとえば、C:ドライブにオペレーティングシステムがインストールされている場合、%systemroot%は、C:¥Windowsフォルダーになります。

❽

<configuration>セクションで**PasswordChangeEnabled**を探し、値を**false**から**true**に変更する（色文字部分）。

```
<configuration>
  <!-- Admin Defined settings -->
  <appSettings>
    <!-- PasswordChangeEnabled: Provides password change page for
         users. Value must be "true" or "false" -->
    <add key="PasswordChangeEnabled" value="true" />
```

❾

[ファイル]メニューをクリックし、[上書き保存]を選択してWeb.configファイルを保存する。

❿

メモ帳を閉じる。

2 RD Webアクセスでパスワードを変更するには

ここでは、パスワードの有効期限が切れているユーザーが、RD WebアクセスのWebページを使用してパスワードを変更する方法を紹介します。

RD Webアクセスでパスワードを変更する

❶ RD Webサイトへアクセスするクライアントコンピューターにサインインする。

❷ タスクバーで、[Microsoft Edge]アイコンをクリックする。

❸ Microsoft Edgeのアドレスバーに、RD WebサイトのURLを入力する。
- 本書では、次の値を使用する。
  https://weba6.domain.local/RDWeb
- RD Webアクセスへのサインインページが表示される。

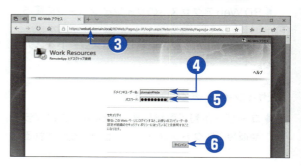

❹ [ドメイン¥ユーザー名]ボックスに、RD WebアクセスのWebサイトにアクセスする権限のあるユーザー名を入力する。
- 本書では、次の値を使用する。
  domain¥hide

❺ [パスワード]ボックスに、入力したユーザーのパスワードを入力する。

❻ [サインイン]をクリックする。
- パスワードの有効期限が切れている場合、パスワードの変更を要求するリンクが表示される。

❼ [ここ]をクリックする。
- パスワードを変更するためのWebページが表示される。

ヒント
パスワードの期限が切れていない場合

パスワードの期限が切れていない場合には、パスワードを変更するためのリンクは表示されず、そのままサインインします。

❽ [現在のパスワード] ボックスに現在のパスワードを入力する。

❾ [新しいパスワード] および [新しいパスワードの確認入力] ボックスに新しいパスワードを入力する。

❿ [送信] をクリックする。
▶ パスワードが正常に変更されたことを示すWebページが表示される。

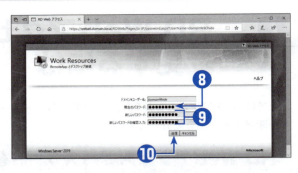

⓫ [OK] をクリックする。
▶ RD Web アクセスへのサインインページに戻る。

⓬ [パスワード] ボックスに新しいパスワードを入力する。

⓭ [サインイン] をクリックする。
▶ ユーザーが利用可能なRemoteAppプログラムや仮想デスクトップコレクションが表示される。

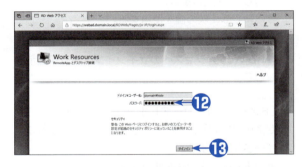

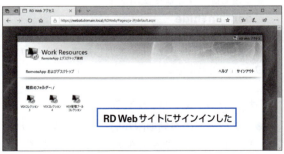

ヒント

パスワードの要件

新しいパスワードがパスワードの要件を満たしていない場合には、パスワードは変更されず、「パスワードは変更できません。詳細については、管理者に問い合わせてください。」というメッセージが表示されます。

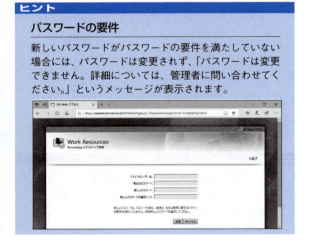

コラム リモートデスクトップサービスのログの管理

Windows Server 2012以降のリモートデスクトップサービス（RDS）環境では、展開や構成が以前のWindows Serverよりも簡単になりました。また、セッションベースや仮想マシンベースのRDSを利用できるため、非常に便利になりました。その反面、RDSではさまざまなコンポーネントを使用します。RDSの問題発生時には問題の切り分けが困難になる可能性があります。そのため、Windows ServerのRDSには、問題のトラブルシューティングを行う際に役立つログファイルがいくつかあります。

RDSの一般的なログ

Windows ServerのRDSには、さまざまなコンポーネントがありますが、セッションベースおよび仮想マシンベースのシナリオのどちらでもRD接続ブローカーサーバーを使用します。そのため、RD接続ブローカーサーバーでは、既定で多くのログが有効になっています。また、仮想マシンベースのRDSの場合には、RD仮想化ホストサーバーのログにも問題のトラブルシューティングを行うための有用なログがあります。これらのログは、イベントビューアーの「アプリケーションとサービスログ¥Microsoft¥Windows」で確認できます。

RD接続ブローカーサーバーのログ

RD接続ブローカーサーバーで、RDSのトラブルシューティングに役立つ主なログは次のとおりです。

- **TerminalServices-SessionBroker**
  RD接続ブローカーサーバーに関するログ。このログは、管理（Admin）、分析（Analytic）、デバッグ（Debug）、操作（Operational）に分類されている。

- **TerminalServices-SessionBroker-Client**
  RD接続ブローカーサーバークライアントに関するログ。このログは、管理（Admin）、分析（Analytic）、デバッグ（Debug）、操作（Operational）に分類されている。

RD仮想化ホストサーバーのログ

RD仮想化ホストサーバーで、RDSのトラブルシューティングに役立つ主なログは次のとおりです。

●Hyper-V-VMMS

RD仮想化ホストサーバーで実行されているHyper-Vの仮想マシン管理システムのログ。このログは、管理（Admin）、ネットワーク（Networking）、操作（Operational）、記憶域（Storage）に分類されている。

●TerminalServices-TSV-VmHostAgent

RD仮想化ホストサーバーでRD接続ブローカーサーバーへの接続などを管理するエージェントに関するログ。このログは、管理（Admin）と操作（Operational）に分類されている。

RD Webログ

RD Webアクセスサーバーでは、RD WebログがRD Webページの問題をトラブルシューティングするときに役立ちます。RD Webログは、既定で無効になっているため、必要に応じて有効にする必要があります。RD Webログには、RD Webアクセス サーバーとRD接続ブローカー間の通信、RD Webアクセスサーバー上でRD Webページを構築するプロセス、RD Webアクセス経由でのユーザーのサインインなど、トラブルシューティングに役立つ情報が多く含まれています。RD Webログは、次の問題のトラブルシューティングなどで活用できます。

・RD WebページにRemoteAppやコレクションが表示されない問題
・RD Webページに一部のコレクションしか表示されない問題
・ユーザーがRD Webページを表示したときに、期待どおりに動作しないなどの問題

注意

RD Webログ

RD Webログを有効にするには、Web.configファイルを編集します。Web.configファイルを直接編集すると、既定の設定が失われ元に戻せなくなります。そのため、Web.configファイルを編集する前には、Web.configファイルをバックアップフォルダーなどにコピーしておきます。また、RD Webログを有効にすると、多くの システムリソースを消費します。そのため、トラブルシューティングの完了後には、RD Webログを無効にします。RD Webログを無効にするには、バックアップフォルダーなどにコピーしておいたWeb.configファイルを元の場所にコピーし戻すと、簡単にRD Webログを無効にできます。

RDゲートウェイサーバーのログ

RDゲートウェイマネージャーでは、RDゲートウェイサーバー経由での接続の成功や失敗をログに記録できます。ログに記録される内容は、次のとおりです。なお、これらのログは、RDゲートウェイサーバーの既定ですべて有効になっています。

●ユーザーがリソースから正常に切断

ユーザーがリソースから切断した日時が記録される。また、セッション中にRDゲートウェイサーバー経由で送受信したデータ量も確認できる。

●リソースへのユーザー接続が失敗

RDゲートウェイサーバー経由でRDセッションホストや仮想デスクトップへの接続に失敗した場合に記録される。

- 接続承認が失敗

    RD CAP（リモートデスクトップ接続承認ポリシー）の条件を満たさなかったため、RDゲートウェイサーバーへの接続に失敗したときに記録される。

- リソース承認が失敗

    RD RAP（リモートデスクトップリソース承認ポリシー）の条件を満たさなかったため、クライアントがRDゲートウェイサーバー経由でRDセッションホストや仮想デスクトップに接続できないときに記録される。

- リソースへのユーザー接続が成功

    クライアントがRDゲートウェイサーバー経由でRDセッションホストや仮想デスクトップに接続したときに記録される。

- 接続承認が成功

    RD CAPの条件を満たしたため、RDゲートウェイサーバーに接続したときに記録される。

- リソース承認が成功

    RD RAPの条件を満たしたため、RD RAPで指定されたRDセッションホストや仮想デスクトップへRDゲートウェイサーバー経由で接続したときに記録される。

RDゲートウェイサーバーに記録されたログは、イベントビューアーで表示できます。RDゲートウェイサーバーのイベントは、イベントビューアーの「アプリケーションとサービスログ¥Microsoft¥Windows¥TerminalServices-Gateway」で確認できます。

RDSの展開およびUIトレースログ

Windows ServerのRDSは、シナリオベースで簡単かつ迅速に複数のサーバーにRDSの役割サービスを展開できます。また、RD接続ブローカーサーバーからRDSの各役割サービスがインストールされたサーバーを構成することも可能です。これにより、RDSの展開が飛躍的に簡素化されています。その一方で複数のサーバーを展開および構成できるため、問題の発生時には一般的なログファイルのみではトラブルシューティングに時間がかかる可能性があります。

RDMS展開ログ

RDMS展開ログは、RDSのシナリオベースの展開で、展開時に実行されたインストールや構成の動作など、展開時の情報がRdmsDeploymentUI.txtというテキストファイルに記録されます。RDMS展開ログが有効な場合、RD接続ブローカーサーバーのC:¥Windows¥Logsフォルダーに RdmsDeploymentUI.txt ファイルが作成されます。RdmsDeploymentUI.txtには、どのサーバーにどのRDSの役割サービスをインストールしたかなどの情報が含まれているため、展開時の問題のトラブルシューティングに役立ちます。

RDMS UIトレースログ

RDMS UIトレースログには、RDSの管理ツール（通常はRD接続ブローカーサーバーのサーバーマネージャー）で行った操作の情報やエラーが RdmsUI-Trace.txt というテキストファイルに記録されます。RDMS UIトレースログが有効な場合、RD接続ブローカーサーバーの%Temp%フォルダーに RdmsUI-trace.txt ファイルが作成されます。RdmsUI-trace.txtには、管理者がRDSの管理ツールで実行した操作に関する情報が含まれるため、管理者が行った管理操作やどのサーバーが管理操作の影響を受けたのかなどを特定するのに役立ちます。

第6章　RDSのパスワードとログの管理　259

3 RDSの一般的なログを確認するには

Windows Serverのリモートデスクトップサービス（RDS）には、問題のトラブルシューティングに役立つさまざまなログがあります。ここでは、一般的なログの確認方法を紹介します。

RD接続ブローカーサーバーのログを確認する

❶ RD接続ブローカーサーバーのサーバーマネージャーで、[ツール] をクリックし、[イベントビューアー] を選択する。

➡イベントビューアーが表示される。

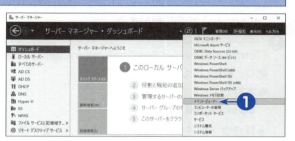

❷ [アプリケーションとサービスログ]、[Microsoft]、[Windows] の順に展開する。

❸ [TerminalServices-SessionBroker] を展開し、確認したいログを選択する。
　●本書では、次の値を使用する。
　　Operational

➡詳細ウィンドウに、RD接続ブローカーサーバーの操作に関するログが表示される。

❹ ログをクリックすると、詳細ウィンドウの下部にログの内容が表示される。

❺ ログを個別に確認するには、ログをダブルクリックする。

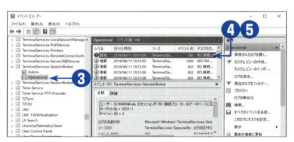

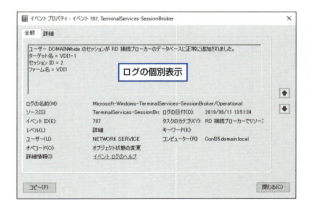

ログの個別表示

RD接続ブローカークライアントのログを確認する

❶ RD接続ブローカーサーバーのサーバーマネージャーで、[ツール]をクリックし、[イベントビューアー]を選択する。

▶ イベントビューアーが表示される。

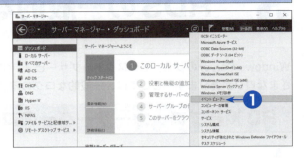

❷ [アプリケーションとサービスログ]、[Microsoft]、[Windows]の順に展開する。

❸ [TerminalServices-SessionBroker-Client]を展開し、確認したいログを選択する。
● 本書では、次の値を使用する。

　Operational

▶ 詳細ウィンドウに、RD接続ブローカーのクライアント操作に関するログが表示される。

❹ ログをクリックすると、詳細ウィンドウの下部にログの内容が表示される。

❺ ログを個別に確認するには、ログをダブルクリックする。

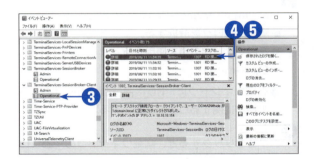

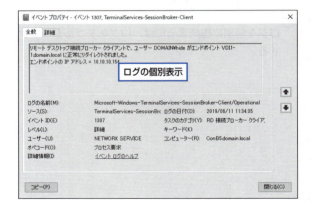

RD仮想化ホストサーバーのログを表示する

❶ RD仮想化ホストサーバーのサーバーマネージャーで、［ツール］をクリックし、［イベントビューアー］を選択する。

➡イベントビューアーが表示される。

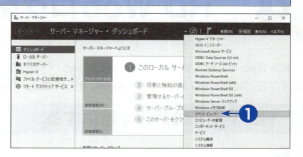

❷ ［アプリケーションとサービスログ］、［Microsoft］、［Windows］の順に展開する。

❸ ［TerminalServices-TSV-VmHostAgent］を展開し、確認したいログを選択する。
● 本書では、次の値を使用する。
　　Operational

➡詳細ウィンドウに、RD仮想化ホストサーバーの操作に関するログが表示される。

❹ ログをクリックすると、詳細ウィンドウの下部にログの内容が表示される。

❺ ログを個別に確認するには、ログをダブルクリックする。

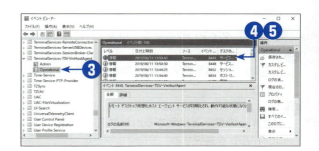

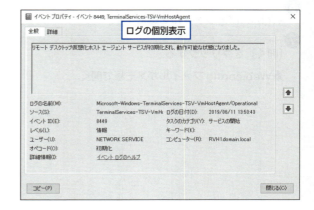

4 RD Webログを設定するには

RD Webアクセスサーバーでは、RD Webページの問題が発生したときに役立つRD Webログを有効にできます。ここでは、RD Webログを有効にする方法と、RD Webログを表示する方法を紹介します。

RD Webログを有効にする

❶ RD Webアクセスサーバーに管理者としてサインインする。

❷ タスクバーの［検索］ボックスに **notepad** と入力し、Enterキーを押す。
▶ メモ帳が開く。

❸ ［ファイル］メニューをクリックし、［開く］を選択する。
▶ ［開く］ダイアログボックスが表示される。

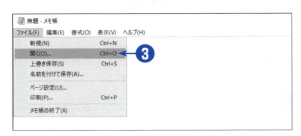

❹ %systemroot%¥Web¥RDWebフォルダーを開く。

❺ ファイルの種類を指定するボックスで、［すべてのファイル］を選択する。

❻ Web.configファイルを選択する。

❼ ［開く］をクリックする。
▶ Web.configファイルがメモ帳で開く。

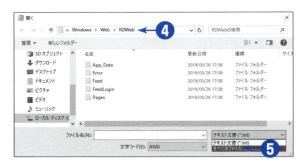

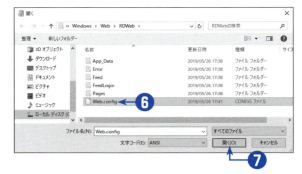

⑧

<system.diagnostics>セクションで、**TraceTSWA**の値を**4**にする（色文字部分）。

```
<system.diagnostics>
    <switches>
        <!--
            TraceTSWA has the following values
            Off = 0, Error = 1, Warning = 2, Info = 3, Verbose = 4
        -->
        <add name="TraceTSWA" value="4" />
    </switches>
```

⑨

次のコメント行を削除する（色文字の取り消し線部分）。

```
<system.diagnostics>
 (中略)
    <trace autoflush="true" indentsize="4">
        <listeners>
            <remove name="Default" />
            <!-- Uncomment for file tracing
            <add name="FileLog"
             (中略)
                    CustomLocation="\Windows\Web\RDWeb\App_Data" />
            -->
        </listeners>
    </trace>
```

⑩

［ファイル］メニューをクリックし、［上書き保存］
を選択してWeb.configファイルを保存する。

⑪

メモ帳を閉じる。

RD Webログを表示する

❶ RD Webアクセスサーバーのタスクバーで、[エクスプローラー]アイコンをクリックする。
▶エクスプローラーが表示される。

❷ C:¥Windows¥Web¥RDWeb¥App_Dataフォルダーを開く。

❸ RD Web-YYYY-MM-DD（YYYY-MM-DDはログが作成された日付）という名前のテキストファイルをダブルクリックする。
▶RD Webログが表示される。

❹ RD Webログを閉じる。

❺ エクスプローラーを閉じる。

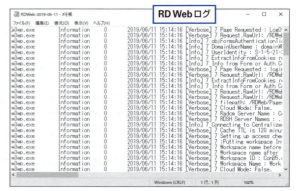

5 RDゲートウェイサーバーのログを設定するには

RDゲートウェイサーバーでは、接続の承認が成功または失敗したときや、リソースへのユーザー接続が成功または失敗したとき、ユーザーがリソースから正常に切断したときなどにログに記録できます。ここでは、RDゲートウェイサーバーでのログの設定方法と、そのログの表示方法を紹介します。

RDゲートウェイサーバーのログを設定する

❶
RDゲートウェイサーバーのサーバーマネージャーで、［リモートデスクトップサービス］をクリックする。

❷
［サーバー］をクリックする。

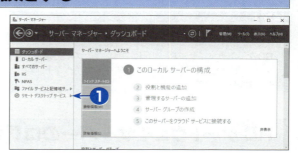

❸
［サーバー］セクションで、RDゲートウェイサーバーを右クリックし、［RDゲートウェイマネージャー］を選択する。
▶ RDゲートウェイマネージャーが表示される。

❹
RDゲートウェイサーバー名を右クリックし、［プロパティ］をクリックする。
▶［<RDゲートウェイサーバー名>のプロパティ］ダイアログボックスが表示される。

ヒント

RDゲートウェイマネージャー

RD接続ブローカーサーバーにRDゲートウェイマネージャーがインストールされている場合には、RD接続ブローカーサーバーでもRDゲートウェイサーバーのプロパティを設定できます。

❺ [監査] タブをクリックする。

❻ [ログに記録するイベント] ボックスで、RDゲートウェイサーバーでログに記録したいイベントのチェックボックスをオンにする。

❼ [OK] をクリックする。

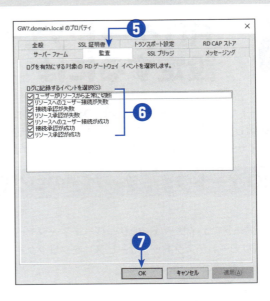

> **ヒント**
> **既定でログに記録されるイベント**
> RDゲートウェイサーバーの既定では、[ログに記録するイベント] ボックスに表示されるすべてのイベントがログに記録されます。

RDゲートウェイサーバーのログを表示する

❶ RDゲートウェイサーバーのサーバーマネージャーで、[ツール] をクリックし、[イベントビューアー] を選択する。

▶イベントビューアーが表示される。

❷ [アプリケーションとサービスログ]、[Microsoft]、[Windows] の順に展開する。

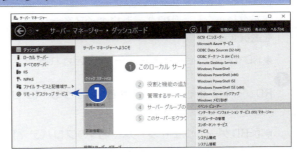

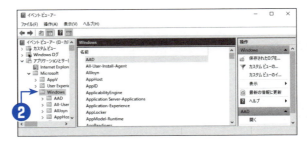

❸
［TerminalServices-Gateway］を展開し、確認したいログを選択する。
●本書では、次の値を使用する。
Operational
▶詳細ウィンドウに、RDゲートウェイサーバーの操作に関するログが表示される。

❹
ログをクリックすると、詳細ウィンドウの下部にログの内容が表示される。

❺
ログを個別に確認するには、ログをダブルクリックする。

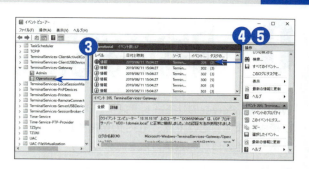

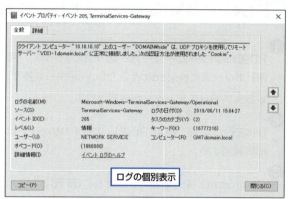

ログの個別表示

ヒント

TerminalServices-Gatewayログ

Operationalには、RDゲートウェイサーバー経由で接続したユーザーやクライアントコンピューターに関する情報や、セッションの情報、切断の情報などがログに記録されます。
Adminには、RDゲートウェイサーバーにおけるRD CAPやRD RAPの作成や削除などの管理操作がログに記録されます。

RDSの展開およびUIトレースログを有効にするには

Windows Serverのリモートデスクトップサービス（RDS）は、シナリオベースで各コンポーネントを展開および構成します。ここでは、RDSの展開や構成で発生した問題のトラブルシューティングに役立つログの有効化方法と、そのログの表示方法を紹介します。

RDSの展開およびUIトレースログを有効にする

❶ RD接続ブローカーサーバーのタスクバーで、[検索]ボックスに **regedit** と入力し、Enterキーを押す。
▶ レジストリエディターが表示される。

❷ [HKEY_LOCAL_MACHINE]、[SOFTWARE]の順に展開する。

❸ [Microsoft]キーを右クリックし、[新規]、[キー]の順に選択する。
▶ 新しいキーが作成される。

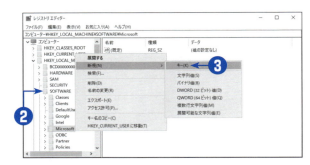

❹ 新しいキーの名前として、**RDMS** と入力する。

❺ 作成した[RDMS]キーを右クリックし、[新規]、[DWORD（32ビット）値]の順に選択する。
▶ 新しいレジストリエントリが作成される。

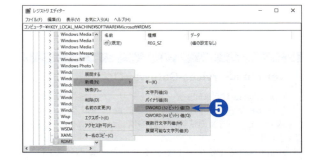

注意

レジストリの編集

レジストリを誤って変更すると、深刻な問題が発生することがあります。レジストリの編集は十分に注意して行い、万一に備えてあらかじめレジストリをバックアップ（エクスポート）しておいてください。

「Windowsでレジストリをバックアップおよび復元する方法」
https://support.microsoft.com/ja-jp/help/322756

❻ 新しいレジストリエントリの名前として、**Enable DeploymentUILog** と入力する。

❼ 作成した［EnableDeploymentUILog］を右クリックし、［修正］を選択する。

▶ ［DWORD（32ビット）値の編集］ダイアログボックスが表示される。

❽ ［値のデータ］ボックスに、**1** と入力する。

❾ ［OK］をクリックする。

▶ レジストリエディターに戻る。

❿ RDMSキーを右クリックし、［新規］、［DWORD（32ビット）値］の順に選択する。

▶ 新しいレジストリエントリが作成される。

⓫ 新しいレジストリエントリの名前として、**Enable UILog** と入力する。

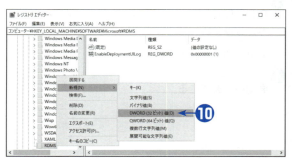

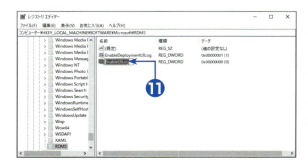

ヒント

RDSの展開ログ

RDSの展開ログには、RDSの展開に関するログが記録されます。RDSの展開ログを有効にした後は、第2章または第3章の手順に従って、セッションベースまたは仮想マシンベースのデスクトップを展開すると、展開の詳細情報がログに記録されます。

⓬ 作成した［EnableUILog］を右クリックし、［修正］を選択する。
▶ [DWORD（32ビット）値の編集] ダイアログボックスが表示される。

⓭ ［値のデータ］ボックスに、**1** と入力する。

⓮ [OK] をクリックする。
▶ レジストリエディターに戻る。

⓯ レジストリエディターを閉じる。

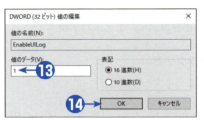

RDSの展開およびUIトレースログを表示する

❶ RD接続ブローカーサーバーのタスクバーで、[エクスプローラー] アイコンをクリックする。
▶ エクスプローラーが表示される。

❷ C:¥Windows¥Logs フォルダーを開く。

❸ RdmsDeploymentUI テキストファイルをダブルクリックする。
▶ 展開ログが表示される。

❹ 展開ログを閉じる。

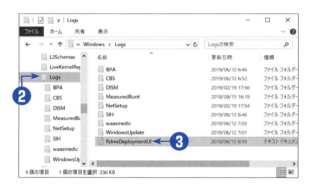

❺

C:¥Users¥<管理者のプロファイル名>¥AppData¥Local¥Tempフォルダーを開く。

❻

RdmsUI-traceテキストファイルをダブルクリックする。

▶ UIトレースログが表示される。

❼

UIトレースログを閉じる。

❽

エクスプローラーを閉じる。

索引

記号

%systemroot%変数.............................251
<configuration>セクション 252
<system.diagnostics>セクション.............263

A

Active Directory証明書サービス 71, 207
Active Directory ドメインサービス（AD DS）
.................................50, 66, 68, 108, 225
Active Directory ユーザーとコンピューター.........50
App-V..7
Application Request Routing（ARR）.............199

C

Computers コンテナー 50, 122, 128

D

DMZ.......................................198, 200

E

EnableDeploymentUILog..........................269
EnableUILog 270

G

gpupdate /force 165, 185, 227

H

HTTPS.....................................198, 200
HTTPS ポート（443）.....................198, 200
Hyper-V..8, 9
　インストール................................38, 42
　削除...46, 48
Hyper-V-VMMS 256
Hyper-V ホスト 8

I

Install-WindowsFeature 42
iSCSI ターゲット 10

L

LUN（論理ユニット番号）............................3

M

Microsoft Application Virtualization（App-V）....7
Microsoft Edge............................158, 178
Microsoft System Center Data Protection Manager（SCDPM） 10

Microsoft Windows Storage Server.................10
Microsoft クリアリングハウス 240
Microsoft ソフトウェアアシュアランス（SA）......248

N

NAS（Network Attached Storage）......................3
New-VM.............................45, 115, 134

O

OpenFlow...4
OS のインストール 45, 116
OU（組織単位）...................................108

P

PasswordChangeEnabled............................252
PowerShell.......................42, 45, 48, 115, 134

R

RD CAP.............................199, 200, 257
　作成...216
RD RAP.............................199, 200, 257
　作成...222
RD Web アクセス 15, 97, 168, 201
　期限切れパスワードの管理 250
　パスワードを変更 253
RD Web ログ......................................256
　表示...264
　有効化...262
RDMS UI トレースログ 258
　表示...270
　有効化...268
RdmsDeploymentUI.txt ファイル.............258, 270
RdmsUI-trace.txt ファイル 258, 271
RDMS 展開ログ....................................258
RDP（リモートデスクトッププロトコル）.......13, 198
RDP over HTTPS...............................198, 200
RDP ポート（3389）................................198
RDS（リモートデスクトップサービス）
.................................6, 12, 20, 34
　RD セッションホストを追加.......................30
　管理...86
　クイックスタート展開.............................23
　想定環境..22
　展開方法..20
　標準展開....................................26, 27
RDS CAL.......................................16, 231
　インストール..............................240, 241

発行動作...233
RDS CAL（接続デバイス数）.............231, 232
RDS CAL（接続ユーザー数）.......231, 232, 245
RDSの一般的なログ 255, 259
RDSの展開ログ 269
　表示 270
　有効化 268
RD仮想化ホスト 14
　追加 61
RD仮想化ホストサーバー 13
　削除 63, 155
　追加 62
　ログ 255, 261
RDゲートウェイ 16, 198
　接続を確認 229
　役割サービスをインストール 203
　リモート接続のポート 224
RDゲートウェイサーバー 202, 206, 256
　自動検出 206
　接続を切断 230
　プロパティを構成 210
　ログ 256
　ログを設定 265
　ログを表示 266
RDゲートウェイサーバーファーム 210
RDゲートウェイマネージャー
　......................................201, 210, 215, 216, 219, 220,
　　　　　　　　　　222, 229, 230, 256, 265
RDセッションホスト 14, 30
RDセッションホストサーバー 13
　削除 32
　追加 30
RD接続ブローカー 14
RD接続ブローカークライアントのログ 260
RD接続ブローカーサーバー
　.....................50, 86, 105, 108, 188, 255
RD接続ブローカーサーバーのログ..............255, 259
RDライセンス 16
　役割サービスをインストール 235
RDライセンスサーバー 232, 233
　アクティブ化 234, 237
　検出 234
　追加 247
RDライセンスマネージャー 234, 240, 245
RemoteApp 95
　クライアントの要件 96

［RemoteAppとデスクトップ接続］ウィンドウ
　...160, 163
RemoteAppプログラム 95
　アクセス 158
　公開 96, 98
　セッションの共有 96
　接続 166
　非公開 102
　編集 100

S

SAN（ストレージエリアネットワーク）.............3, 10
SDN（ソフトウェア定義ネットワーク）....................4
Sysprep 34, 35, 45, 117
Sysprep応答ファイル 121, 128

T

Terminal Server License Servers グループ......245
TerminalServices-Gateway 257, 267
TerminalServices-SessionBroker 255, 259
TerminalServices-SessionBroker-Client
　...255, 260
TerminalServices-TSV-VmHostAgent 256, 261
TraceTSWA..263

U

Uninstall-WindowsFeature 48

V

VDI（Virtual Desktop Infrastructure）
　...9, 13, 20, 34, 50
　管理 104
　クイックスタート展開...........................38, 55
　想定環境 37
　展開方法 34
　標準展開...58, 59
VDI環境 168
　RemoteApp プログラム 170
　RemoteApp プログラムを公開 171
　RemoteApp プログラムを非公開.........176
　RemoteApp プログラムを編集.............174
　ライセンス 248
VMモード..35

W

Web.config ファイル 250, 251, 256, 262

索引

Webフィード 97, 160, 169
　削除 163
　設定 160, 164, 180, 184
　設定を適用 165, 185
　設定を削除 182
Windows VDA サブスクリプションライセンス ... 248
Windows Virtual Desktop Access（VDA）....... 248
Windows Virtual Desktop（WVD）.................. 17

あ

アクセス許可を設定 50
アプリケーションの仮想化 5, 6
移動ユーザープロファイル 66, 68
イベントビューアー 255, 257
親パーティション 8

か

外部ファイアウォール 198, 200
仮想化 2
仮想化ホストベースのRDS 12, 13
仮想化ホストベースのデスクトップ 20, 34
仮想デスクトップ 13
　アクセス 178
　記憶域の指定 124, 130
　起動 146
　再作成 153
　削除 147
　サフィックス 123, 130
　自動ロールバック 124
　接続方法 168
　組織単位 122, 128
　保存 146
仮想デスクトップインフラストラクチャ（VDI）
　..............................9, 13, 20, 34, 50
仮想デスクトップコレクション 105
　削除 154
　接続 186
　プロパティを構成 143
仮想デスクトップテンプレート 34, 113
　エクスポート先を構成 118
　格納場所 153
　再利用 127
　作成 38
仮想プライベートネットワーク（VPN）.................. 4
仮想マシン 7, 9
　作成 42, 45, 113, 115, 134
　作成場所 43, 114, 133

仮想マシンベースのデスクトップ 38
仮想ローカルエリアネットワーク（VLAN）............... 4
管理された仮想デスクトップコレクション 120
管理されていない仮想デスクトップ 132
管理されていない仮想デスクトップコレクション ... 132
管理者が接続を切断 191, 194
管理者が接続をログオフ 191, 195
管理対象の仮想デスクトップ 148
管理対象の仮想デスクトップコレクション 106
管理対象の個人用仮想デスクトップコレクション ... 126
管理対象のプールされた仮想デスクトップコレクション
　..120
管理対象のプールされたすべての仮想デスクトップを
　再作成 152
管理用のリモートデスクトップ 231
記憶域（ストレージ）の仮想化 3
既定のRD CAP 215
既定のRD RAP 219
既定の資格情報の使用を許可 84
共有の場所 80
クイックスタート展開...................... 20, 23, 34, 50
グループポリシー 164, 165, 184, 185, 225
　RDゲートウェイを設定............................ 225
　更新間隔 227
グループポリシー管理エディター ... 84, 164, 184, 225
［グループポリシーの管理］ウィンドウ
　........................... 84, 164, 184, 225
公開キー基盤（PKI）............................... 200
個人用仮想デスクトップコレクション 106
個人用仮想デスクトップをユーザーに割り当てる ... 151
子パーティション 8
コレクション............................ 34, 35, 86, 105
コンピューターの仮想化 2

さ

サーバーの仮想化 7, 9
サーバープール 21, 26, 36, 58, 86
　サーバーを追加............................ 26, 58, 202
サーバーマネージャー.......... 23, 38, 76, 86, 105, 202
自己署名証明書 200, 204
シャドウ 188, 195
証明機関 200
証明書..71, 200
　構成 76, 207
　取得してエクスポート 71, 207
シングルサインオン（SSO）........................84
信頼されたルート証明機関 200

索引 **275**

スクリプトの生成 119, 122, 128
ストレージの仮想化 10
セッションIDを表示 189, 192
セッションコレクション 87, 92
 RDセッションホストサーバーを削除 91
 RDセッションホストサーバーを追加 89
 構成 92
 作成 87
セッションホストベースのRDS 12
セッションホストベースのデスクトップ 20
 標準展開 26
接続承認が失敗 257
接続承認が成功 257
接続承認ポリシー（RD CAP） 199
接続をグループ化 189, 193
切断 188
 正常に切断 256
組織単位（OU） 108

た

ターミナルサーバー 13
ターミナルサービス 13
デスクトップの仮想化 5, 9
展開 20, 34

な

内部ファイアウォール 198
ネットワークの仮想化 4

は

ハイパーバイザー 8
非管理対象の仮想デスクトップ 150
非管理対象の仮想デスクトップコレクション 106
非管理対象の個人用仮想デスクトップコレクション
.... 139
非管理対象のプールされた仮想デスクトップコレクション
.... 135
標準の展開 21, 35
ファイアウォールの構成 198
フィールドの非表示 189, 192
プールされた仮想デスクトップコレクション 106
フォルダーリダイレクト 69
プレゼンテーションの仮想化 6, 9

ま

マイクロソフトの仮想化ソリューション 5

や

役割サービス 13
ユーザープロファイルディスク 68, 79, 138
 共有を構成 79
ユーザーへメッセージを送信 190, 193

ら

リソース承認が失敗 257
リソース承認が成功 257
リソース承認ポリシー（RD RAP） 199
リソースへのユーザー接続が失敗 256
リソースへのユーザー接続が成功 257
リダイレクトされるデバイスの制御 179
リバースプロキシ 199
リモートデスクトップWebアクセス 15
リモートデスクトップアプリ 166, 169, 186, 228
リモートデスクトップ仮想化ホスト 14
リモートデスクトップゲートウェイ 16, 198
リモートデスクトップサービス（RDS）...6, 12, 20, 34
 ライセンス 231
 ログの管理 255
リモートデスクトップサービスクライアントアクセス
 ライセンス（RDS CAL） 16, 231
リモートデスクトップセッションホスト 14
リモートデスクトップ接続 6
リモートデスクトップ接続承認ポリシー（RD CAP）
.... 215, 257
リモートデスクトップ接続ブローカー 14
リモートデスクトッププロトコル（RDP） 13
リモートデスクトップライセンス 16
リモートデスクトップライセンスサーバー 233
リモートデスクトップライセンスモード 247
リモートデスクトップリソース承認ポリシー（RD RAP）
.... 219, 257
レジストリの編集 268
ローカルコンピューターグループを作成 220
ローカルユーザープロファイル 66
ローミング使用権 248
ログオフ 188

●著者紹介

Yokota Lab, Inc.（ヨコタラボ·インコーポレイテッド）

2003年に技術翻訳および技術監修を中心に米国にて設立。現在は東京を拠点としてIT関連の書籍の翻訳および技術監修を行う。IT関連の技術翻訳では、米国にて技術を取得し、書籍のローカライズ経験豊富な技術者が監訳することで、高品質のローカリゼーションサービスを提供している。このほかITコンサルティングサービスやITトレーニングサービスも提供している。なお、本書の執筆は、横田秀之が担当した。

横田 秀之（よこた ひでゆき）

1996年より、マイクロソフト認定トレーナー（MCT）としてIT研修の講師、また各種書籍の著者、訳者、監修者として活躍。米国にてビジネスコンピューティングを修得し、米国のコンピューティング事情にも精通している。現在は翻訳ができる技術監修者として書籍の執筆活動、講師としてIT技術教育に従事。Yokota Lab, Inc.に所属。主な著書に『ひと目でわかる Active Directory』（日経BP、2005年〜）、『ひと目でわかる Hyper-V』（日経BP、2009年〜）などがある。

● 本書についてのお問い合わせ方法、訂正情報、重要なお知らせについては、下記Webページをご参照ください。なお、本書の範囲を超えるご質問にはお答えできませんので、あらかじめご了承ください。

　　　http://ec.nikkeibp.co.jp/nsp/

● ソフトウェアの機能や操作方法に関するご質問は、ソフトウェア発売元または提供元の製品サポート窓口へお問い合わせください。

ひと目でわかるVDI & リモートデスクトップサービス
Windows Server 2019版

2019年9月2日　初版第1刷発行

著　　　者	Yokota Lab, Inc.	
発　行　者	村上 広樹	
編　　　集	生田目 千恵	
発　　　行	日経BP	
	東京都港区虎ノ門4-3-12　〒105-8308	
発　　　売	日経BPマーケティング	
	東京都港区虎ノ門4-3-12　〒105-8308	
装　　　丁	コミュニケーションアーツ株式会社	
DTP制作	株式会社シンクス	
印刷・製本	図書印刷株式会社	

本書に記載している会社名および製品名は、各社の商標または登録商標です。なお、本文中に™、®マークは明記しておりません。

本書の例題または画面で使用している会社名、氏名、他のデータは、一部を除いてすべて架空のものです。

本書の無断複写・複製（コピー等）は著作権法上の例外を除き、禁じられています。購入者以外の第三者による電子データ化および電子書籍化は、私的使用を含め一切認められておりません。

© 2019 Yokota Lab, Inc.
ISBN978-4-8222-8650-7　　Printed in Japan